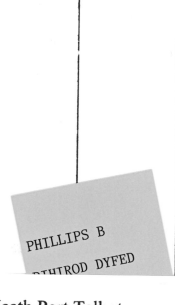

DIHIROD DYFED

HANES CHWE LLOFRUDDIAETH

BETHAN PHILLIPS

HUGHES

Argraffiad cyntaf: Mawrth 1991
Ail-argraffiad: Gorffennaf 2003

ISBN 0 85284 093 4

Dymuna'r cyhoeddwyr gydnabod cymorth
Awdurdod Cymwysterau Cwricwlwm ac Asesu Cymru.

Cyhoeddwyd gan Hughes a'i Fab,
Parc Tŷ Glas, Llanisien,
Caerdydd, CF14 5DU.

Llun clawr: Paul Turner
Diweddariad cynllun clawr: Pentagon

Cysodwyd ac argraffwyd gan:
Argraffwyr Cambrian,
Ffordd Llanbadarn,
Aberystwyth,
Ceredigion,
SY23 3TN.

CYFLWYNIAD

Yn y gyfrol hon ceir chwech o'r straeon a gynhwyswyd yn y ddwy gyfres deledu, *Dihirod Dyfed*.

Fel cyfrwng gall y teledu fod yn feistr caled. Mae cyfyngderau amser a chost yn gosod terfynau ar awdur ac mae hynny'n rheoli'r cynnwys, nifer y cymeriadau a nifer y golygfeydd. O fewn cloriau'r llyfr hwn ceisir ymhelaethu ychydig gan ychwanegu rhai o'r dogfennau a'r adroddiadau a fu'n sail i'r gyfres.

Y bwriad oedd edrych ar bob digwyddiad yng nghyswllt hanesyddol y cyfnod ac anelu at gywirdeb ffeithiol lle'r oedd hynny'n bosibl. Felly gwnaed defnydd o ffynonellau gwreiddiol megis cofnodion y llysoedd, llythyrau, dydd-iaduron a chanlyniadau'r cyfrifiad. Efallai mai adroddiadau gan ohebwyr papurau newydd sy'n dangos orau y math o ymateb a fu ymhlith y cyhoedd i rai o'r digwyddiadau, yn enwedig eu hagwedd tuag at y sawl fu'n gyfrifol amdanynt.

Ffynhonnell werthfawr arall yw'r traddodiad llafar a'r straeon a'r hanesion a drosglwyddwyd o genhedlaeth i genhedlaeth. Ar adegau mae'n rhaid eu trafod yn ofalus, oblegid gyda threigl amser fe all unrhyw stori gael ei rhamanteiddio, neu ei gorliwio. Serch hynny, mae toreth o wybodaeth i'w chael o hyd yng nghefn gwlad am hanes Dai Blaenrhysglog, Wil Cefncoch a llofruddiaeth y Barnwr John Johnes o Ddolaucothi.

Gall awdur ymweld â'r mannau a fu'n gysylltiedig â rhai o'r prif gymeriadau yn yr hanesion hyn ddwyn i gof mewn ffordd fyw y drasiedi a ddaeth i ran pob un ohonynt. Mae Cefncoch, cartef Wil Richards, yn sefyll o hyd, ac er i Wil gael ei gladdu yn bell o Gymru yn Ohio, mae bedd Joseph Butler, cipar Trawsgoed a saethwyd, i'w weld ym mynwent Llanafan.

Wrth ffilmio'r gyfres ceisiodd Paul Turner, y cynhyrchydd, ailgreu naws y cyfnod gan ddefnyddio, hyd y bo modd, yr union leoliadau a gysylltir â'r digwyddiadau. Er enghraifft, ffilmiwyd rhan o 'Pechod Mary Prout' yn Wyrcws Arberth, a mynwent Bethel Caio a ddefnyddiwyd ar gyfer angladd Thomas Davies, Blaenrhysglog. Hefyd, ffilmiwyd rhannau helaeth o 'Y Cythraul Cwrw' yn nhref Caerfyrddin gan ddefnyddio golygfeydd o gapel Heol Awst a hen dafarn y Coopers Arms.

Peth dychrynllyd yw pob llofruddiaeth ac ni ddylid byth mawrygu nac amddiffyn gweithred o'r fath, ond mae perygl i unrhyw awdur wrth ymdrin â thestun mor echrydus geisio efelychu'r hen faledwyr gynt a chanolbwyntio'n ormodol ar yr erchyll a'r iasol. Ni ellir gwadu bod y digwyddiadau hyn yn rhai erchyll, na bod llofruddiaeth yn drosedd sy'n anodd ei chyfiawnhau; eto, weithiau, rhaid cydnabod y gall ambell lofrudd ennyn ein tosturi wrth i ni ddod i ddeall y cymhellion a'r amgylchiadau fu'n gyfrifol am ei gweithred. Gellir teimlo dros rai o'r cymeriadau y sonnir amdanynt yn y gyfres hon, heb anghofio mor ddifrifol oedd eu trosedd.

Bethan Phillips
Ionawr 1991
Diweddarwyd Gorffennaf 2003

BYWGRAFFIAD YR AWDUR

Mae Bethan Phillips yn awdures doreithiog yn y Gymraeg a'r Saesneg. Sgriptiodd nifer helaeth o raglenni radio a theledu, a chynhyrchodd lawer o ffilmiau fideo gyda phlant ysgol. Cafodd ei ffilm **Y Celtiaid** ei gwobrwyo gan y Gymdeithas Archeolegol Brydeinig a Channel 4 yn 1994.

Mae ei chyfrol **Peterwell**, a ail-gyhoeddwyd yn 1997, yn olrhain hanes Syr Herbert Lloyd, sgweier adnabyddus o Geredigion.

Arbenigodd Bethan Phillips yn ddiweddar ar hanes y dyddiadurwr Joseph Jenkins, y 'Swagman Cymreig', a chafodd ei chyfrol amdano, **Rhwng Dau Fyd**, dderbyniad da. Yn 1999, fe ddewiswyd y gyfrol gan Gyngor Celfyddydau Cymru yn un o dri llyfr gorau'r flwyddyn. Bu ei chyfrol ddiweddaraf, **Pity the Swagman,** yn boblogaidd iawn hefyd.

Yn ystod 2002-3, cydweithiodd gyda'r cyfarwyddwr ffilm Paul Turner ar ddwy raglen deledu ar hanes Joseph Jenkins a ffilmiwyd yng Nghymru ac yn Awstralia. Darlledwyd y rhaglenni ar S4C yn Gymraeg ac ar BBC Cymru yn Saesneg.

RHAGYMADRODD

Paul Turner

O'r cychwyn cyntaf y syniad oedd creu cyfres o raglenni a fyddai'n archwilio'r sefyllfaoedd a'r cymeriadau oedd ynghlwm wrth y digwyddiadau trist hyn, ac o wneud hynny geisio darlunio pam y bu i bobl ddigon cyffredin eu cael eu hunain mewn sefyllfa lle nad oedd ond un ateb i'w problem — marwolaeth rhywun arall!

Penderfynwyd ailgreu'r digwyddiad ar ffurf ddramatig, felly, nid am fod y weithred o lofruddiaeth yn gynhenid ddramatig ond yn bennaf am fod ffurf fel hon yn rhoi'r cyfle i ni ddadansoddi'r cymeriadau a'u bwriadau 'o'r tu mewn', gan ein galluogi, o bosib, i ddod i ddeall eu hamgylchiadau emosiynol.

O edrych ar y gwaith trwy'r llygaid hyn, y cam cyntaf oedd ymchwilio'n fanwl i hanesion posibl dros gyfnod o ryw gant a hanner o flynyddoedd. Pan ddeuai achos addas i'r fei aethom ati i'w ymchwilio mor drylwyr â phosibl. Ni chyfyngwyd yr ymchwil i'r llofruddiaeth ac ymateb yr awdurdodau iddo; ystyriwyd yn ogystal bob manylyn y medrem ddod o hyd iddo am y bobl oedd yn rhan o'r digwyddiad: eu hanesion personol, eu cefndir teuluol ac amgylchiadau'r gymuned yr oedden nhw'n rhan ohoni.

Er mai cyfrifoldeb Bethan oedd y rhan fwyaf o'r gwaith a'r holl ymchwil gwreiddiol, cafwyd peth wmbredd o gefnogaeth gan aelodau'r tîm cynhyrchu, y Cyfarwyddwr

Paul Turner y cynhyrchydd.

Celf, y Cynllunwyr Gwisgoedd a'r Artistiaid Colur, gan mai eu cyfrifoldeb nhw oedd ailgreu ar gyfer pob ffilm gyfnod a byd sydd, i bob pwrpas, wedi diflannu. Fy mwriad i wrth ymchwilio oedd dod i ddeall pam a sut roedd yr actorion yn gweithredu o fewn y byd hwnnw.

Gwelir enghraifft dda o'r trylwyredd ymchwil hwn yn stori Mary Prout. Darganfu ymchwil Bethan ddyddiadau Mary yn wyrcws Arberth: pryd y cefnodd ar y lle, a pha bryd hefyd y ganed ei merch. Ond yn sgil hyn daeth o hyd yn ogystal i enwau a manylion pobl eraill oedd wedi byw neu weithio yno yr un pryd a dod i wybod hefyd am y rheolau oedd yn rhan annatod o fywyd y sefydliad.

Roedd hi hefyd yn bwysig inni wybod am agwedd

gymdeithasol y gymuned tuag at y wyrcws a'i drigolion truenus, ac yn arbennig agwedd y gymuned tuag at ferch ddi-briod, feichiog. Dim ond fel hyn y gellid adlewyrchu'n deg ymateb teulu Mary tuag ati.

Yn ogystal â hyn, er mwyn ailgreu golygfa geni baban Mary, a hynny'n gredadwy, rhaid oedd gwybod pwy oedd debycaf o fod yn y fan a'r lle ar y pryd, pa drefn yr arferid ei dilyn, a pha ystum oedd fwyaf cyffredin i ferched wrth eni babanod ar y pryd — yn sicr ni fyddai Mary yn gorwedd ar ei chefn a'i choesau yn yr awyr.

Er mai prif bwrpas yr holl ymchwil oedd caniatáu i sgriptiau gael eu hysgrifennu ac i ffilmiau gael eu dangos ac, rwy'n gobeithio, eu gwerthfawrogi gan gynulleidfa mor eang â phosibl, rwy'n hynod falch fod Bethan wedi medru defnyddio peth o ffrwyth y llafur hwnnw i ailadrodd chwech o'r storïau yn y llyfr hwn.

Paul Turner
Cynhyrchydd
Ionawr 1991
Diweddarwyd Gorffennaf 2003

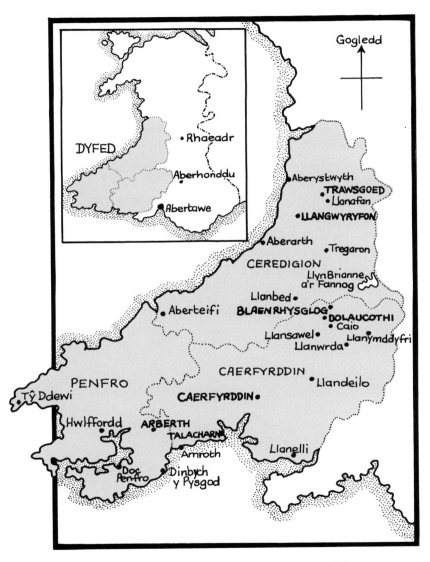

LLEOLIADAU'R LLOFRUDDIAETHAU

DIOLCHIADAU

Wrth ysgrifennu'r llyfr hwn mae fy nyled yn fawr i lu o bobl yn Nyfed a fu mor barod i rannu o'u hatgofion a'u gwybodaeth â mi. Maent yn rhy niferus i'w henwi ond mae'n rhaid i mi gydnabod y cymorth a gefais gan Mr Evan Davis, Oak Hill, Ohio, wrth geisio olrhain hanes Wil Cefncoch yn America.

Hoffwn gydnabod fy nyled i'r sefydliadau a ganlyn: Amgueddfa Abertawe, Archifdy Dyfed, Llyfrgell Dyfed, Yr Amgueddfa Brydeinig, Y Llyfrgell Genedlaethol, Capel Bethel Caio, ac i'r papurau canlynol: *Aberystwyth Observer, The Cambrian, Carmarthen Journal, Welsh Gazzette, Western Mail, Western Telegraph, The Welshman, Y Lloffwr.*

CYNNWYS

Cyflwyniad

Rhagymadrodd

Map

WIL CEFNCOCH

Ar noson oer o Dachwedd ym 1868 clywyd sŵn ergyd o gyfeiriad Coed Dolfor ar dir Edward Vaughan, Iarll Lisburne o Drawsgoed. Nid oedd clywed ergyd ym mherfeddion y nos yn beth anghyffredin. Âi ambell ddyddynnwr mwy mentrus na'i gilydd ati'n llechwraidd i leddfu tlodi ei deulu a newyn ei blant drwy ddal ambell sgwarnog neu gwningen achlysurol ar yr ystâd. Er ei holl gyfoeth, ni fynnai Edward Vaughan, mwy nag unrhyw sgweier arall, rannu cyfoeth naturiol ei dir â'i ddeiliaid.

Roedd potsio'n dal i fod yn drosedd ddifrifol yn y cyfnod hwn, a phob potsiwr mewn perygl cyson o gael ei ddal a'i gosbi'n llym. Eiddo'r sgweier oedd anifeiliaid y maes, adar yr awyr a physgod yr afonydd. Cyflogid ciperiaid ganddo i sicrhau mai dyna fyddai'r drefn hyd byth. Roedd yn ffasiynol i foneddigion wahodd eu ffrindiau aruchel o Lundain i fwynhau gwyliau ar eu hystadau. Treulient eu hamser yn hela a saethu, a byddai'n gywilydd petai prinder ffesantod, sgwarnogod neu bysgod yn tarfu ar eu difyrrwch. Ond y noson honno, bu'r ergyd a glywyd yn y pellter yn fodd i ddechrau un o'r *manhunts* mwyaf a welwyd erioed yn sir Aberteifi.

Wedi iddi dywyllu, ar noson yr wythfed ar hugain o Dachwedd 1868, cychwynnodd Wil Richards allan o'i fwthyn, Cefncoch, yng nghwmni dau frawd, Morgan a Henry Jones, Tynllwyn. Eu bwriad oedd amddifadu Edward Vaughan, Trawsgoed, o ambell gwningen neu sgwarnog. Roedd y tri ohonynt yn helwyr profiadol a

1

Mae Cefncoch rhwng Llangwyryfon a Thrawsgoed yn wag heddiw, ond erys y cof am Wil.

chyfrwys, ac er bod ciperiaid stad Trawsgoed yn ei ddrwgdybio'n arw, methiant hyd yn hyn fu eu hymdrechion i ddal Wil Cefncoch.

Cymry lleol oedd pedwar o giperiaid y stâd. Rhag ofn iddynt fynd yn rhy glòs at eu cyd-ardalwyr, ac er mwyn cadw trefn ar bawb, apwyntiwyd Sais o'r enw Joseph Butler yn bennaeth arnynt. Bywyd go beryglus ar adegau oedd bywyd cipar. Mynnodd un hanesydd fod ei waith yn fwy peryglus na gwaith milwr. Yn sicr gallai ambell botsiwr ymddwyn mewn modd ffyrnig iawn petai mewn perygl o gael ei ddal, oherwydd canlyniad hynny fyddai ei garcharu neu, efallai, ei alltudio i Awstralia. Felly, gêm beryglus iawn i gipar ac i botsiwr oedd honno a ddigwyddai'n fynych ar stâd Trawsgoed wedi iddi nosi.

Onid oedd pob cwningen a ddaliwyd mewn magl a phob ffesant a saethwyd yn herio arglwyddiaeth y sgweier ac

2

unbennaeth y plas? Wedi'r cwbl, nid trosedd oedd cymryd ychydig eiddo oddi ar un a oedd yn fwy nag uwchben ei ddigon i achub un arall rhag llwgu...nage? Yn anffodus, nid felly roedd hi yng ngolwg y wladwriaeth a'r rheini a weinyddai gyfraith a threfn.

Gwyddai Wil yn iawn am y gosb hallt a wynebai unrhyw un a fyddai mor anlwcus â chael ei ddal yn potsio ar dir Trawsgoed, ac wrth iddo ef a'i ddau gyfaill droedio'n ofalus drwy'r goedwig, clustfeinient am unrhyw arwydd a allai ddynodi perygl a phresenoldeb y ciperiaid. Gwnâi unrhyw sŵn anghyfarwydd i'r galon guro'n gyflymach, ond eto roedd yn sialens ac yn her.

Gŵr wyth ar hugain oed o daldra cymedrol oedd Wil. Cariai wn y noson honno a sach i ddal ei ysglyfaeth. Roedd gan Morgan Jones hefyd wn yn ei feddiant, a chariai ei frawd Henry ffon gref i'w amddiffyn ei hun os byddai angen. Gosododd y tri eu maglau'n ofalus. Gan nad oedd unrhyw arwyddion fod y ciperiaid yn ymyl, bu Wil yn ddigon hyderus i saethu dwy sgwarnog. Camgymeriad oedd hynny, oblegid clywyd yr ergydion a gwelwyd y fflachiadau gan rai o'r ciperiaid a oedd yng nghoed Tynyberth, nid nepell o Goed Dolfor. Rhedodd y ciperiaid i gyfeiriad y potsiwyr.

Wyddai Wil na'r ddau frawd ddim bod y ciperiaid mor agos ac roeddynt bron ar eu gwarthaf cyn i'r potsiwyr glywed sŵn sathru yn y rhedyn. Sgrialodd y tri nerth eu traed allan o'r goedwig i gyfeiriad Caegwyn. Ond roedd James Morgan, un o'r ciperiaid, wedi torri ar draws gwlad, ac wrth i Wil a'i gyfeillion gyrraedd bwthyn Cwmbyr, neidiodd allan o'r cysgodion a gafael yn dynn ym Morgan

Jones. Dechreuodd hwnnw weiddi am gymorth ond daliodd James Morgan ei afael ynddo fel gelen hyd nes i'r prif gipar, Joseph Butler, gyrraedd y fan.

Gwelodd Wil a Henry Jones y prif gipar Butler, gŵr a gaseid ganddynt, yn nesáu at James Morgan a'i garcharor. Dal i weiddi ar ei ddau gydymaith a wnâi Morgan Jones. Petai Butler yn ei gyrraedd, gwyddai'n ddigon da na fyddai unrhyw obaith iddo ddianc. Cododd Wil Cefncoch ei wn gyda'r bwriad o dynnu sylw Butler ato ef a Henry, ac efallai i'w ddychryn.

Taniodd Wil y gwn. Cwympodd Butler yn syth a gorwedd yno'n llonydd. Roedd y prif gipar wedi cael ei saethu yn ei frest. Pan welodd Wil Cefncoch a Henry Jones ef yn syrthio troesant mewn panic gwyllt a dianc nerth eu traed. Gwyddent fod eu sefyllfa'n argyfyngus; roedd saethu cwningod stad Trawsgoed yn drosedd ddifrifol, ond roedd saethu'r prif gipar yn drosedd na ellid mo'i gwaeth yng ngolwg y gyfraith.

Y noson honno nid oedd Vaughan Trawsgoed mewn hwyliau da iawn p'un bynnag. Noson Etholiad Cyffredinol enwog 1868 oedd hi, ac ef oedd ymgeisydd y Torïaid yng Ngheredigion. Buasai'r Etholiad yn un eithriadol o stormus a threisgar. Ymosododd cefnogwyr y pleidiau ar ei gilydd a bu ymladd a sgarmesoedd ar strydoedd Aberystwyth drwy gydol yr wythnos. Apwyntiwyd cant o blismyn, am dâl o goron y dydd, i geisio cadw trefn ac fe'u harfogwyd â phastynau praff. Ni fuont yn or-lwyddiannus, oblegid ymosodwyd ar *valet* Vaughan yng ngorsaf y rheilffordd a bu'n rhaid i hwnnw ddianc a chuddio yn y Cambrian Vaults am rai oriau. Torrwyd ffenestri tŷ ei asiant yn Heol y Wig, a

4

£100
REWARD

WHEREAS on the night of **FRIDAY,** the 27th of **NOVEMBER** instant, **JOSEPH BUTLER,** Keeper to the Right Honourable The Earl of Lisburne, was Shot dead by **WILLIAM RICHARDS,** of Cefn-coch, in the Parish of Llangwryddon, in the County of Cardigan; the above Reward will be paid for the apprehension of the said William Richards.

The said William Richards is about 28 years of age, 5ft. 9in. or 10in. high, slight figure, long thin legs, with stooping gait, light hair slightly curled, thin sandy whiskers, long thin face, lower teeth overlapping upper teeth, long nose rather Roman, full grey eyes, speaks very little English; is supposed to be dressed in a dark home-made coarse coat, corduroy breeches and leggings, striped check shirt, and lace-up boots, clumsy feet, and has been operated upon for a bruise in the testicle.

All information to be addressed to the Superintendent of Police at Aberystwith.

Crosswood, 30th November, 1868.

J. COX, PRINTER AND STATIONER, PIER STREET, ABERYSTWITH.

chrwydrodd mintai o blant o gwmpas y dref yn taflu llaid a cherrig at bawb a phobun. Ciciwyd un Tori, a fu mor fyrbwyll â gweiddi 'Vaughan for ever', yn ei wyneb, a bu bron iddo golli ei fys bawd wrth i rywun ei gnoi at yr asgwrn. Ond ar ben y cyfan digwyddodd yr amhosibl, oblegid am y tro cyntaf erioed curwyd un o deulu Trawsgoed gan aelod o'r Blaid Ryddfrydol, sef E.M. Richards! Yn wir, noson ddu yn hanes y teulu oedd hon, a byddai'n rhaid i'r Iarll Lisburne o Drawsgoed ddod i delerau â'r ergyd bersonol drom. Ond i goroni'r cyfan, dygwyd y newyddion iddo ar yr un noson fod ei brif gipar wedi ei saethu'n gelain yn ymyl bwthyn Cwmbyr, a hynny gan y potsiwr lleol, Wil Richards, Cefncoch. Yn naturiol ddigon, roedd yn gwbl gynddeiriog. Cynigiwyd canpunt yn syth i unrhyw un a allai roi gwybodaeth a fyddai'n arwain at arestio'r llofrudd.

Roedd Morgan Jones eisoes yn y ddalfa yn Llanilar; ymhen diwrnod ildiodd ei frawd Henry o'i wirfodd. Ond roedd y prif droseddwr yn dal â'i draed yn rhydd.

Symudwyd plismyn o bob rhan o Geredigion i ardal Trawsgoed a'r Mynydd Bach, a phrin bod neb yn amau na fyddai Wil Cefncoch o flaen ei well cyn pen fawr o dro. Gyda gwobr o ganpunt i unrhyw un a fyddai'n barod i'w fradychu, a gyda niferoedd o heddweision yn twrio ym mhobman, tenau oedd y gobaith iddo gadw'i ryddid am gyfnod maith. Er hynny aeth y dyddiau heibio a daliai Wil i fod yn rhydd. Synnwyd pawb, ac yng ngolwg gwerin bobl canol Ceredigion dechreuodd Wil fod yn arwr ac yn wrthrych edmygedd.

Ai bwriad Wil (Geraint Lewis) oedd dychryn neu ladd y cipar, Joseph Butler?

Gwyddai pawb na fyddai fawr o drugaredd iddo ac mai'r grocbren fyddai'n ei aros pe llwyddid i'w ddal. Ond methodd Vaughan a'i gydfonheddwyr ddeall bod yna deyrngarwch ymhlith tyddynwyr yr ardal. Closient at ei gilydd pan fyddai un ohonynt mewn trafferthion dybryd, ac ni fyddai hyd yn oed yr arian sylweddol a gynigiwyd yn ddigon i danseilio'r teyrngarwch hwnnw. Roedd yna ddigon o bobl yn barod i roi lloches i Wil Cefncoch, ac roedd natur yr ardal anghysbell o gwmpas y Mynydd Bach yn sicr o fod yn dramgwydd i'r heddlu wrth iddynt geisio dod o hyd iddo.

Un o gyfeillion Wil oedd Thomas David Joseph, trwsiwr clociau o Drefenter a gŵr o ddaliadau radical. Gwelodd ef, yn achos Wil, elfen o'r frwydr am gyfiawnder rhwng y werin a'r gwŷr bonheddig. Nid ystyriai ef Wil yn droseddwr cyffredin nac yn llofrudd. Er iddo gymryd bywyd Joseph Butler, y prif gipar, roedd yn barod i'w helpu am ei fod yn cael ei ymlid gan y rhai a geisiai orthrymu'r tlawd.

Llwyddodd Tom Joseph i ddod o hyd i lu o guddfannau i Wil ac i sicrhau ei fod yn symud yn gyson o un man i'r llall. Dosbarthwyd posteri ym mhobman yn cyhoeddi disgrifiad ohono ac yn atgoffa pawb am y wobr o ganpunt. Os gwir y disgrifiad, nid oedd Wil yn un lluniaidd iawn ei olwg. Cyfeirir at ei *long thin legs...stooping gait...thin sandy whiskers...long thin face...lower teeth overlapping upper teeth ...clumsy feet.*

Ond er mor drwsgl ei ymddangosiad, llwyddodd Wil i osgoi'r heddlu er iddynt chwilio ym mhob fferm ac ysgubor, pant a phoncen. Pan fyddent yn agosáu at un o'i guddfannau, âi Tom Joseph â Wil i le mwy diogel yn ei gambo, yn cuddio mewn casyn hen gloc hir.

Ar adegau, dôi'r plismyn yn agos ryfeddol i'w ddal. Un tro, bu'n rhaid i Wil guddio o dan ddillad gwely lle gorweddai mam a oedd newydd roi genedigaeth i blentyn. Cuddiai Wil yno tra oedd y sarjant yn chwilio'n ddyfal o gwmpas yr ystafell.

Dro arall, rhoddwyd iddo loches gan felinydd. Cafodd yr heddlu wybod ei fod yn y felin, ac amgylchynwyd yr adeilad. Bu'n rhaid i Wil guddio mewn man cyfyng y tu ôl i'r peiriannau. Tra oedd yno, daliai'r olwyn i droi a daliai'r blawd i gael ei falu. Gofynnodd y sarjant i'r melinydd stopio'r olwyn am dipyn. Atebodd hwnnw y byddai'n mynnu tâl am y golled a ddôi i'w ran yn sgil hynny gan y byddai'n amhosib iddo ddod i ben â'i waith. Ailfeddyliodd yr heddwas a daeth i'r casgliad o'r diwedd na fyddai modd i unrhyw un guddio y tu ôl i'r peiriant a dod oddi yno'n fyw ac yn iach. Roedd yn anghywir, a dihangodd Wil o'r felin yn ddianaf. Roedd ei lwc yn parhau.

Wedi hynny fe'i cuddiwyd ym mhob twll a chornel—hyd yn oed mewn capeli—ac er maint y perygl iddynt petaent yn cael eu dal yn cynorthwyo troseddwr, prin oedd y rheini a wrthododd roi llety iddo.

Cynyddai'r pwysau ar yr heddlu o ddydd i ddydd a chafodd y Prif Gwnstabl ei geryddu'n llym gan yr ustusiaid am fethiant ei blismyn i ddal y llofrudd. Aeth yr wythnosau'n fisoedd, ac ofer fu pob ymdrech i'w ddal.

Roedd Wil wedi llwyddo i wneud ffyliaid o'r heddlu ac ni allai sefyllfa o'r fath barhau heb danseilio cyfraith a threfn y wlad yn gyffredinol. Cyhoeddwyd posteri newydd sbon a

9

Bu bron i blismon (Siôn Probert) ddal Wil yn y felin. Y tro hwn ystryw y melinydd (Dennis Birch) a achubodd ei groen.

gosodwyd hysbysebion yn y papurau newydd yn Ionawr 1869. Atgoffwyd pawb bod gwobr o ganpunt yn dal ar gael ar gyfer unrhyw un a fyddai'n cydweithio â'r heddlu ac yn sicrhau bod Wil yn cael ei arestio.

Er i fwyafrif llethol gwerin y Mynydd Bach wrthsefyll y demtasiwn, roedd lle i gredu bod yna fannau gwan. Drwgdybiwyd bod un teulu'n simsanu ac yn rhy barod i gynorthwyo'r heddlu. Yn ogystal, roedd dod o hyd i leoedd diogel yn mynd yn fwy anodd o hyd. Cynyddwyd nifer y plismyn hefyd ac roedd Iarll Lisburne yn rhoi pwysau ar ei ddenantiaid i fod yn fwy parod i'w gynorthwyo. Penderfynwyd y byddai'n rhaid i Wil ddianc o Gymru a dechrau bywyd newydd mewn gwlad arall.

Ond sut? Byddai'n anodd iddo ddianc gan fod y ffyrdd a arweiniai o Sir Aberteifi'n cael eu gwylio'n ofalus iawn. Serch hynny, gyda chymorth cyfeillion selog, llwyddodd i gyrraedd porthladd Lerpwl. Yn ôl un traddodiad, hwyliodd o bentref bach Aberarth, ac wedi cyrraedd Lerpwl cludwyd ef ar fwrdd llong a oedd ar fin hwylio i America wedi ei guddio mewn casgen. Yn ôl traddodiad arall, dihangodd o Sir Aberteifi wedi ei wisgo fel dynes a theithio i Lerpwl mewn cerbyd. Dirgelwch hyd heddiw yw'r union fodd y dihangodd, ond mae'n sicr iddo gyrraedd America'n ddiogel yng ngwanwyn 1869.

Er iddo lanio mewn gwlad ddieithr roedd rhai o'i gydwladwyr yn gwybod amdano a daethant yno i'w gyfarfod. Roedd tua phum mil eisoes wedi ymfudo o Sir Aberteifi i America, ac roedd dau o'r rhai a'i cyfarfu ar y lanfa'n dod o bentref Llangwyryfon. Bu'r ddau'n gymdogion iddo pan drigai yng Nghefncoch.

Aethpwyd â Wil i Horeb, trefedigaeth fechan ryw ddwy filltir a hanner i'r gorllewin o Oak Hill, Jackson County, Ohio. Yno, roedd carfan niferus o Gymry wedi ymsefydlu a gellid disgwyl iddo ymgartrefu'n weddol hawdd yn eu plith. Ond yr oedd yna elfen o wylltineb yn dal yng nghymeriad Wil Cefncoch ac nid oedd ei ymddygiad wrth fodd llawer o'i gymdogion newydd. Ar ôl treulio cymaint o amser fel ffoadur, roedd yn naturiol ddigon ei fod yn ddrwgdybus ac yn amharod i ymddiried yn llwyr mewn pobl ddieithr.

Ar y dechrau, cafodd waith fel gwas a chrwydrodd o fferm i fferm yn yr ardal. Dechreuodd yfed yn drwm a gallai golli ei dymer ac ymddwyn mewn ffyrdd cwbl afresymol ar adegau.

Bu Bet Morgan (Beth Robert) yn ddylanwad mawr ar Wil, ei gŵr. Beth fyddai ei dynged oni bai amdani hi, tybed?

Yna, gweithiodd am gyfnod i Mrs Jane Lloyd, gwraig weddw a Chymraes. Ymhlith y rhai eraill a weithiai i Mrs Lloyd roedd Gwyddeles ieuanc. Mae'n debyg i honno gael cryn bleser wrth boeni Wil am ei Saesneg, oblegid nid oedd ganddo bryd hynny fawr o grap ar yr iaith fain.

Un nos Sadwrn, dychwelodd i'r fferm ar ôl noson o yfed yn Oak Hill a phan ddechreuodd y forwyn ei boeni, ymosododd Wil arni â chyllell. Yn ffodus, fe'i rhwystrwyd rhag gwneud unrhyw niwed mawr gan y gweision eraill neu fe fyddai wedi bod mewn trybini pellach. Gorfu iddo adael y fferm a chafodd waith gyda'r Jefferson Furnace Company fel labrwr. Gwyddelod oedd y mwyafrif o'i gydweithwyr, ac efallai bod eu hanian a'u dull nhw o fyw yn fwy cydnaws â'i natur na bywyd syber a pharchus ei gyd-Gymry.

Yn nyddiau Cefncoch, bu Wil yn caru merch o Bont-rhydfendigaid, ond wedi'r noson honno yng Nghoed Dolfor, bu'n rhaid iddo gefnu arni. Roedd Elisabeth Morgan, serch hynny, yn awyddus i ailgydio yn y berthynas, ac ym 1872 penderfynodd hithau ddilyn ei chariad ac ymfudo i America. Roedd hi'n chwech ar hugain oed ar y pryd. Cyfarfu Wil â hi yn y porthladd ac yn fuan ar ôl iddi gyrraedd Ohio, priodasant.

Newidiodd Bet Morgan fywyd ei gŵr yn sylweddol. O dan ei dylanwad hi, meddalodd gryn dipyn a daeth rhyw addfwynder newydd i'w gymeriad. Wedi priodi, buont yn byw am beth amser mewn bwthyn pren yn perthyn i gwmni Jefferson Furnace. Er mwyn dechrau bywyd newydd iddo ef a'i briod newidiodd Wil ei enw i David D. Evans.

Yn ddiweddarach, llwyddodd i brynu fferm fechan ryw ddwy filltir i'r de-ddwyrain o Oak Hill. Daeth ei wraig yn

Yma yn Oak Hill, Ohio, gorwedd Wil Richards, Cefncoch. Newidiodd ei enw i David D. Evans.

aelod parchus o'r eglwys yno ond am ryw reswm ni fynychodd Wil yr oedfaon gyda hi. Yn ogystal â ffermio dechreuodd fusnes glo a gwnaeth lwyddiant gweddol ohoni. Ni chafwyd plant o'r briodas, ond mabwysiadwyd bachgen bach amddifad gan Wil a'i wraig. Dan ddylanwad Bet yn bennaf tyfodd hwnnw i fod yn weithiwr da ac yn grefyddwr selog. Mae'n debyg i Wil ymserchu ynddo hefyd ac iddo brofi'n dad cariadus.

Rhyw bythefnos cyn ei farw ymunodd Wil ag Eglwys Gynulleidfaol Gymraeg Oak Hill. Bu farw ym mis Chwefror

1921 yn saith deg saith mlwydd oed a chladdwyd ef ym mynwent Oak Hill.

Goroesodd ei wraig ef o un mlynedd ar bymtheg a chladdwyd hi ym mis Mawrth 1937.

Treuliodd Wil, felly, hanner can mlynedd yn America a chafodd gyfle i greu bywyd newydd ac i geisio anghofio am y noson enbydus honno yng Nghoed Dolfor. Eto, ni fedrodd ddianc yn llwyr rhag ei atgofion. Wedi'r cwbl, roedd wedi cymryd bywyd Joseph Butler ac yng ngolwg y gyfraith roedd yn dal i fod yn llofrudd.

Ni fedrodd chwaith ddianc yn llwyr rhag ei erlidwyr, oherwydd yn ystod y blynyddoedd maith a dreuliodd yn America roedd ganddo ddryll wrth law yn wastad rhag ofn i rywun, rywbryd geisio'i ddal a'i ddwyn yn ôl i dalu'r pris am yr hyn a wnaeth.

A beth am Joseph Butler, y Sais a ddaeth i Geredigion ac a gafodd ei orweddfan olaf yno? Claddwyd ef ym mynwent Llanafan a gellir darllen hyd heddiw y geiriau ar ei garreg fedd—*Shot by a poacher.* Ar y noson dywyll honno yng Nghoed Dolfor, collodd ef ei fywyd yn ddirybudd a newidiwyd cwrs bywyd Wil Cefncoch yn gyfan gwbl. Er iddo ef lwyddo i osgoi'r gosb eithaf, ni fedrodd yntau ddianc yn gwbl ddianaf chwaith.

Roedd ei ddyled yn fawr i werin ei fro am iddynt ei amddiffyn. Tyfodd o gwmpas ei enw amryw o straeon a ddaeth yn eu tro yn rhan o lên gwerin Ceredigion. Edrychwyd arno fel un a lwyddodd i wrthsefyll holl ymdrechion y sefydliad i'w orchfygu ac, o'r herwydd, gosodwyd mantell arwr ar ei ysgwyddau.

Ond, tybed nad gormodiaith yw hynny, oblegid arwr go

anghyffredin oedd Wil Cefncoch ar lawer ystyr. Ni fedr neb wybod beth yn hollol oedd yn ei feddwl pan daniodd ar Joseph Butler. Y gred boblogaidd yw mai'n anfwriadol y saethwyd y prif gipar ac mai damwain oedd ei farwolaeth. Yn sicr, dyna a gredai llawer o drigolion y cylch; wedi'r cwbl, nid oedd yr un ohonynt yn barod i'w fradychu a'i roi yn nwylo'r heddlu.

Tyddynwyr tlawd canol Ceredigion a roddodd i Wil Cefncoch ei ail gyfle, a'u hymdrechion hwy i fynnu iddo ei ryddid yw prif ganolbwynt y stori hon. Ond efallai mai'r boddhad mwyaf a ddaeth i'w rhan wedi clywed bod Wil yn ddiogel, oedd y teimlad eu bod wedi ennill buddugoliaeth arall dros Edward Vaughan, Iarll Lisburne o Drawsgoed. Roedd colli'r etholiad ac yna methu â dal Wil yn ergyd ddwbl iddo fe, ond i'r bobl gyffredin testun gorfoledd oedd hynny.

Y CYTHRAUL CWRW

Roedd nos Sul, y pedwerydd ar bymtheg o Dachwedd 1893, yn noson stormus, dywyll a gwlyb yn nhref Caerfyrddin. Ychydig o bobl a welodd P.C. Jones o gwmpas y strydoedd, ac erbyn tua hanner awr wedi naw roedd yn fwy na pharod i ddychwelyd i orsaf yr heddlu am ddiferyn o rywbeth twym i'w yfed. Eto, roedd yna beth amser ar ôl a phenderfynodd droi am Heol Awst unwaith yn rhagor. Safodd am ennyd wrth gofgolofn y Ffiwsilwyr Cymreig, ond ar wahân i'r gwynt a'r glaw, ni chlywodd unrhyw beth a allai fod o ddiddordeb i un o geidwaid y gyfraith. Er hynny, ar y noson honno fe ddigwyddodd rhywbeth nid nepell o'r dref a yrrodd arswyd drwy drigolion Caerfyrddin a'r wlad yn gyffredinol.

Tra'n sefyll wrth y gofgolofn, clywodd P.C. Jones sŵn traed. Roedd yn amlwg bod rhywun ar frys mawr, ac yng ngolau gwanllyd y stryd gwelodd rywun yn nesáu ato ac yn rhedeg â'i wynt yn ei ddwrn. Wrth i'r rhedwr ddynesu ato, adwaenodd y wyneb cyfarwydd ond gwelodd hefyd fod golwg wyllt iawn arno, a sylwodd ar yr arswyd yn ei lygaid. Camodd P.C. Jones allan o gysgod y gofgolofn a phan welodd y rhedwr ef trodd yn sydyn a charlamu i ffwrdd. Rhedodd tua Neuadd y Dref ac i fyny tuag at Sgwâr Nott gan ddiflannu o olwg P.C. Jones.

Ychydig yn ddiweddarach y noson honno roedd y Rhingyll James Jones yn cerdded ar hyd Stryd y Brenin yn y dref. Daeth ato ŵr a oedd yn amlwg mewn trafferthion o ryw fath. Prin y gallai ei fynegi ei hun wrth geisio cyflwyno

17

rhyw neges i'r heddwas. Enw'r gŵr oedd George Thomas. Ym mis Medi 1893, ar ôl treulio saith mlynedd yn y fyddin, roedd George Thomas wedi dod adref i fyw gyda'i dad a oedd yn ŵr gweddw. Gweithiai'r tad, John Thomas, fel gof yn yr Hen Ffwndri yng Nghaerfyrddin, ond ni cheisiodd y mab ddod o hyd i waith yn syth ar ôl dod yn ôl. Ni ofidiai ryw lawer am ennill cyflog oblegid roedd ganddo un bunt ar hugain ar ôl o'i gyflog yn y fyddin, ac fe allai fyw'n weddol fras ar y rheini am beth amser o leiaf. Perthynai ryw anniddigrwydd i gymeriad George; doedd ganddo fawr o syniad am ei ddyfodol nac unrhyw gyfeiriad pendant i'w fywyd. Ar adegau gallai fod yn benstiff a chwerylgar, ac yn ei feddwdod gallai ymddwyn yn wyllt a pheryglus. Yn ôl ei chwaer, bu'r ddiod feddwol yn gyfrifol am newid ei gymeriad a'i bersonoliaeth.

Treuliai lawer o'i amser a'i arian yn nhafarn y Coopers Arms yn Heol Awst. Yno cyfarfu â Mary Jane Jones, merch bymtheg oed a hanai'n wreiddiol o Fforestfach. Yn wir, roedd Mr John Evans, Llewetha, a fu farw yn ddiweddar yn gant a deuddeg mlwydd oed, yn cofio amdani yn yr ysgol yr un pryd ag ef, a thystiodd ei bod yn ferch hynaws a phrydferth iawn. Daeth Mary Jane i fyw gyda chwaer ei mam-gu, Mrs Rosie Dyer, Tawelan, Tre Ioan, yn ymyl y dref. Roedd Mrs Dyer yn berchen ar nifer o dai yng Nghaerfyrddin a byddai ei nith yn ei helpu o bryd i'w gilydd i gasglu'r rhenti. Daeth Mary Jane hefyd yn ffrindiau mawr â Mary Morris, merch y Coopers Arms.

Treuliai gryn dipyn o'i hamser yn y dafarn er nad oedd ei modryb yn llwyr gytuno â hynny. Yno, felly, y daeth Mary Jane i gysylltiad â George Thomas y cyn filwr, gŵr a oedd

18

Rhyfedd meddwl mai cyfeillgarwch Mary Jane (Ceri Tudno) â Mary Morris (Llio Millward), merch y Coopers Arms, a ddaeth â Mary Jane i gysylltiad â'i llofrudd.

gryn dipyn yn hŷn na hi.

Er y gwahaniaeth oedran rhyngddynt, gwnaeth Mary Jane argraff fawr ar George Thomas. Efallai bod ei diniweidrwydd a'i hieuenctid yn apelio at un a oedd wedi ei galedu yn y fyddin ac a ymffrostiai lawer am ei gampau gyda merched dipyn llai diniwed. Hudwyd Mary Jane gan ei weniaith a'i barodrwydd i wario arian arni.

Gofidiai Rosie Dyer yn fawr iawn am y berthynas; wedi'r cwbl, hi oedd â'r cyfrifoldeb am warchod ei nith. Gwydd-ai'n dda am yr enw gwael a roddid i George Thomas gan bobl Caerfyrddin a theimlai'n naturiol bod y gwahaniaeth

Mary Jane a George Thomas (Eryl Phillips). Dau gariad.

mawr mewn oedran yn ei gwneud hi'n berthynas annaturiol.

Ond roedd yna wrthwynebiad cryf hefyd gan dad George Thomas ei hun. Teimlai John Thomas fod Mary Jane yn rhy ifanc o lawer i'w fab, a gofidiai hefyd y byddai ei fab yn cael ei wrthod gan Rosie Dyer am nad oedd yn ddigon da i'w nith. Roedd John Thomas yn ŵr crefyddol dros ben ac yn ddiacon selog yng Nghapel Heol Awst.

Roedd yn llwyr ymwrthodwr ac yn ymgyrchu'n frwd yn erbyn y ddiod feddwol. Er bod gweld ei fab yn afradu ei holl arian ar gwrw'n loes calon iddo, prin oedd y dylanwad a gafodd arno. Yn ddiweddarach, cyfaddefodd George Thomas, 'I was soaked in drink every day. I spent £21 in a couple of months and never left a penny at home.'

Ddydd ar ôl dydd byddai George Thomas yn eistedd yn ei gornel yn y Coopers Arms yn yfed cwrw ac yn llygadu Mary Jane Jones. Ond ymhen ychydig, pylodd diddordeb y ferch ifanc yn y cyn-filwr a oedd yn troi'n gyflym yn feddwyn cwrs ei dafod. Mynnai roi terfyn ar y berthynas, ond fel roedd ei theimladau tuag ato ef yn mynd yn llai, mynd yn fwy a mwy tanbaid wnaeth ei angerdd ef tuag ati hi. Tyfodd y peth yn obsesiwn a gwrthodai ei gadael yn llonydd. Ble bynnag y trôi Mary Jane, roedd ef yno, ac os na fyddai'n ymateb yn ffafriol i'w ddeisyfiadau, gallai ef, yn ei ddiod, droi'n gas iawn tuag ati. Dechreuodd Mary Jane ofidio am hyn a cheisiodd ei osgoi, ond nid oedd ball ar ei ymdrechion ef i barhau'r garwriaeth. Byddai'n sefyll am oriau y tu allan i Dawelan er mwyn ceiso cael golwg arni. Bolltiodd Rosie Dyer y drws, gymaint roedd hi a'i nith yn ei ofni. Ar un achlysur curodd ar y drws ac yn ddiweddarach tystiodd Rosie Dyer,

George Thomas came to the door and I asked where he was going. He said—'I am going to fetch water'. I said, 'Stand where you are; don't come any further'. I gave him water. Mary Jane was in the house. She gave me the glass to give him—she was shaking like a leaf'.

Ar y deunawfed o Dachwedd, diwrnod Ffair Calan Gaeaf, roedd George Thomas yn ei sedd arferol yn y Coopers Arms yn yfed yng nghwmni ei gyfaill David Jones. Gan fod pobl ifainc y cylch yn tyrru i'r dref am ddifyrrwch ar ddiwrnod ffair, gobeithiai gael golwg ar Mary Jane. Ond roedd Mary Jane wedi cael cariad newydd, bachgen ifanc o Lanelli a oedd yn nes i'w hoedran. Bu'r ddau yn y ffair, a chyn iddo droi am adref prynodd gwpan a soser iddi yno. Penderfynodd Mary Jane alw i weld ei ffrind Mary Morris yn y Coopers Arms, ond pan welodd hi fod George Thomas yno, ymadawodd ar frys. Gadawodd George Thomas y dafarn am ddeg o'r gloch ac erbyn hyn roedd yn feddw ac yn llawn dicter tuag at Mary Jane. Roedd hi, yn ôl ei dyb ef, wedi ei fradychu a'i wrthod a throi at gariad newydd.

Treuliodd Mary Jane y Sul canlynol yng nghwmni ei ffrind Mary Morris. Aethant am dro dros y Pum Cae (Five Fields) yn Nhre Ioan gan alw ar Miss Phillips, modryb Mary Jane, am de a swper. Ar y nos Sul gwnaeth George Thomas beth cwbl anarferol iddo ef. Penderfynodd fynychu oedfa'r hwyr yng Ngapel Heol Awst. Mae'n sicr i'w ymddangosiad yn y capel beri cryn syndod i'r gynulleid-fa. Tybed a oedd un pechadur wedi dychwelyd i'r gorlan?

Trodd ei angerdd yn ddigofaint.

Dyna, yn sicr, oedd gobaith ei dad wrth edrych arno o'r Sêt Fawr. Roedd yn llawn gobaith bod ei fab, o'r diwedd, wedi sylweddoli ei angen a newid ei ffordd o fyw.

Daeth yn amlwg yn ddiweddarach fod meddyliau George Thomas ymhell o'r capel y noson honno. Sylwodd amryw o'r rhai oedd yn bresennol ei fod yn ymddwyn mewn ffordd ryfedd iawn a'i fod, fel petai, yn cuddio rhywbeth yn ei law. Tystiodd James Lewis, un o'r aelodau,

I saw the prisoner in Lammas Street Chapel. He was sitting

23

behind me and he left at quarter past seven, before the service was over. He left at the interval between the sermon and the singing.

Am ugain munud i naw ffarweliodd Mary Jane â'i ffrind a dechrau cerdded tua'i chartref yn Nhawelan. Roedd yn noson arw a ffordd unig iawn a arweiniai at Dawelan. Âi'r lôn heibio i Bentremeurig, cartref Jane Scurlock. Fe'i gwelwyd gan Miss Scurlock ac fe roddodd hi dystiolaeth o hynny yn ddiweddarach,

I knew the deceased. On Sunday 19th November I was standing on the green outside our house with my sister at about 9 o'clock. I saw the deceased passing our house. She was alone and she said 'Good Night'. I answered back the same. About a quarter of an hour afterwards I saw a man pass from the direction she had gone. I did not recognise him. It was a stormy night. He was walking quickly in the direction of town.

Fe ddaeth pawb i wybod pwy oedd y gŵr dieithr ymhen byr amser. Wrth i Mary Jane gerdded yr hanner milltir ddiwethaf cyn cyrraedd Tawelan, roedd George Thomas yn aros amdani. Daeth yn amlwg hefyd beth roedd yn ei guddio yn ei law tra'n mynychu'r gwasanaeth yn Heol Awst. Roedd wedi benthyca rasel ddu oddi wrth ei ffrind David Jones. Yn ei gyfaddefiad i'r Rhingyll Jones yn Stryd y Brenin yn ddiweddarach y noson honno, disgrifiodd yr hyn a ddigwyddodd wedyn,

I want to make a statement...I have committed a murder! I have killed a girl. I cut her throat with a razor. She is now on the road between Pentremeurig and Tawelan and I am sure she is dead. I did it. I was determined to do it. I had a razor with me for that purpose. The razor is on the road and the handle is broken.

Prin y medrai'r Rhingyll Jones gredu'r stori erchyll a ddadlenwyd iddo gan y gŵr a safai wrth ei ochr—a gofynnodd iddo ddod gydag ef i orsaf yr Heddlu. Yno, gwelwyd arwyddion bod yr hyn a ddywedodd George Thomas yn gwbl wir,

While I was with him at the Police Station he showed me his hands which were covered with blood, also the knees of his trousers which had blood on them. I also saw his pants and they were saturated with blood...I went in the company of the Superintendent, Dr Thomas and others to a place between Pentremeurig and Tawelan. On the road we saw the girl lying on the ground face downwards and covered in blood. About a yard from the body I found a razor with the handle broken. I also saw a portion of a hair comb, a small white pocket handkerchief and a hat beside the body...

Cyhuddwyd George Thomas yn ffurfiol o lofruddio Mary Jane Jones. Erbyn hyn roedd yn dawelach ei ymddygiad ac yng ngeiriau'r Rhingyll Jones eto,

I afterwards charged the prisoner with having wilfully murdered Mary Jane Jones. He said—'I did it because she would not come with me.' That was quite voluntary on his part...He was perfectly sober, quite cool and collected.

Roedd yn rhaid i rywun fynd â'r newyddion drwg i Rosie Dyer. Dywedwyd wrthi ar y dechrau bod ei nith yn yr ysbyty ond, o'r diwedd, cafodd y stori lawn gan ryw ohebydd. Cofnododd hwnnw ei hymateb,

What is the use of living? Mary Jane was all I had. I'm 67...What am I to do?

Gofynnodd i gymydog fynd â hi mewn ceffyl a thrap i'r dref er mwyn gweld corff ei nith. Y prynhawn canlynol daeth tad Mary Jane o Fforestfach i roi tystiolaeth mai hwn oedd corff ei ferch. Roedd Caerfyrddin yn ferw o straeon am y digwyddiad, rhai'n wir a rhai'n ffals. Roedd yr hanes am yr ymosodiad ciaidd ar ferch ddiniwed, bymtheg oed, wedi taflu cwmwl o arswyd dros y dref. Ysgrifennwyd amryw o faledi'n sôn am y digwyddiad yn Saesneg a Chymraeg. Dyma bennill o hen faled, 'Llofruddiaeth Caerfyrddin', yn adrodd yr hanes:

Tref Caerfyrddin sydd yn wylo
Am erchyllwaith creulon du,
Wnawd o fewn ei theg ororau
Ar gorff eneth ieuanc gu;
Tra y storm yn chwyrn yn chwythu,
Gwnaeth yr euog ddyn ei waith,
Gwaed diniwed gafodd lifo
Ar hyd wyneb daear laith.

Ceir enghreifftiau o faledi yn Atodiad y llyfr hwn.
Tyrrodd llawer o'r rhai mwyaf busneslyd ac ansensitif tuag at Tawelan er mwyn syllu ar y fan lle llofruddiwyd Mary Jane. Yn ôl un papur,

Thousands, filled with morbid curiosity, went to see the pools of blood at the scene of the murder.

Roedd diddordeb y torfeydd yn ei hangladd hefyd yn fawr, a chasglodd tyrfa anferth yn y caeau o amgylch Eglwys Llanllwch am dri o'r gloch ar brynhawn y trydydd ar hugain o Dachwedd 1893. Cynhaliwyd y gwasanaeth o dan ofal y Parchedig J. Marsden. Ymhlith y teulu roedd Ruth Jones, mam-gu oedrannus Mary Jane. Mae'n debyg ei bod hi'n ffrind i Hannah Dafis a lofruddiwyd gan David Evans ar fynydd Pencarreg mewn sefyllfa ddigon tebyg dros hanner can mlynedd ynghynt. Wylodd wrth ddweud wrth ohebydd na ddychmygodd erioed y byddai ei hwyres yn cael diwedd tebyg. Honnodd fod y cyfan yn brawf o'r drygioni a oedd wedi meddiannu'r byd yn gyfan gwbl.

Tueddai ymddygiad George Thomas oddi ar ei gyffesiad a'i arestiad i gadarnhau'r ddamcaniaeth hon, oblegid ni ddangosodd unrhyw edifeirwch am y weithred ysgeler a gyflawnwyd ganddo.

Dros y ddau fis nesaf fe'i daliwyd yng ngharchar Caerfyrddin tra'n aros am ei brawf. Bu'r Dr E.R. Williams, Swyddog Meddygol y carchar, yn ymweld ag ef yn gyson er mwyn gweld a oedd unrhyw arwyddion o wallgofrwydd yn ei gymeriad. Dyma'i farn,

I have conversed with the prisoner every day except Sundays...I have made special examinations of him...He was perfectly sober, calm and collected. I discovered no indications of illusions or hallucinations. I formed an opinion that he knew exactly what the nature of his crime was. He told me so. He had full control over his actions.

Cadarnhawyd asesiad Dr Williams gan Lywodraethwr y carchar, Mr J.W. Forbes,

I have been Governor for six years. George Thomas is the most callous prisoner I have ever known. I was actually struck by his callousness. It was quite unusual under the circumstances. In conversation he was just the same as any other person.

Ar Ionawr yr ugeinfed 1894, dygwyd George Thomas o'i gell a'i ddwyn yr ychydig lathenni i Neuadd y Dref, Caerfyrddin, i sefyll ei brawf gerbron y Barnwr Kennedy. Roedd y dref yn orlawn a llawer wedi tyrru o'r wlad oddi amgylch er mwyn ceisio cael cip ar y gŵr a gyhuddwyd o ladd Mary Jane Jones. Plediodd yn ddieuog, ac ymddangosodd yn gwbl ddi-hid pan osodwyd yr achos yn ei erbyn gan yr erlyniad. Dyma sut y disgrifiodd un gohebydd ei ymarweddiad yn y llys,

George Thomas sat, for the most part, with his left arm resting on the dock and his left hand supporting his chin, which at times he smoothed, at other times plucking at the stubbles of his beard...Never...did he manifest by his looks any appreciation of the points for or against him.

Mr Rees Davies, A.S. a roddodd yr achos yn ei erbyn ac amddiffynnwyd ef gan Mr Bowen Rowlands, A.S.

Roedd tawelwch llethol yn y llys pan roddwyd tystiolaeth gan amryw o'r tystion. Efallai mai'r un a enynnodd y tosturi mwyaf oedd William Jones, gwehydd o Fforestfach, tad Mary Jane. Siaradodd yn Gymraeg a bu'n rhaid cael cyfieithydd ar ei gyfer. Cadarnhaodd mai'r ddiweddar Mary

Jane Jones oedd ei ferch, ei bod yn bymtheg mlwydd a deg mis oed pan y'i lladdwyd, a'i bod wedi byw gyda'i modryb ers ddwy flynedd. Parhau a wnaeth dioddefaint ei thad wrth i Feddyg yr Heddlu dystio bod Mary Jane wedi ceisio ymladd am ei heinioes y noson greulon honno. Gyda'r manylder mwyaf disgrifiodd yr anafiadau difrifol ar ei chorff,

She was lying with her head towards her Aunt's cottage...The upper part of her body was deluged with blood. I found on the left side of her lower jaw a clean cut wound three inches long extending down to the bone and to the ear. On removal of her muffler another wound in the throat extending from the left of the middle line of the neck in front towards the right ear...so deep that it almost exposed the spinal column.

Tystiodd hefyd fod yna anafiadau difrifol ar ei dwylo wedi iddi geisio gafael yn y rasel a ddaliai George Thomas wrth iddo ymosod arni.

Mynnodd Mr Rees Davies, yr erlynydd, bod y cyhuddiedig yn gwbl gyfrifol am ei weithred a'i fod wedi paratoi a chynllunio'n ofalus ar ei chyfer. Roedd wedi benthyca'r rasel ar fore'r llofruddiaeth gyda'r bwriad o'i defnyddio i wneud niwed i Mary Jane Jones. Felly, doedd yna ddim amheuaeth ynglŷn â'i euogrwydd.

Ceisiodd Mr Bowen Rowlands ar ran yr amddiffyniad brofi bod George Thomas yn dioddef o salwch meddwl ac felly nad oedd yn gwbl gyfrifol am ei weithredoedd y noson honno. Ceisiodd brofi bod salwch meddwl yn y teulu gan ychwanegu,

George Thomas had in him the seeds of homicidal monomania which made him mentally ill...

Ni fu unrhyw ymateb o ran y carcharor, ac ni ddangosodd unrhyw arwydd o emosiwn tra oedd y dystiolaeth yn ei erbyn yn cael ei gosod gerbron y llys. Wrth grynhoi'r dadleuon dywedodd y barnwr mai mater i'r rheithgor fyddai penderfynu, yn ôl y dystiolaeth a gyflwynwyd, a oedd George Thomas yn llwyr gyfrifol am y weithred, neu a oedd, fel y dadleuai'r amddiffyniad, yn dioddef o salwch meddwl.

Ymhen ychydig dros hanner awr roedd y rheithgor wedi dychwelyd i'r llys. Cafwyd tawelwch llethol wrth i'r penderfyniad gael ei ddarllen,

We find that George Thomas, on the nineteenth of November, 1893, in the parish of St Peter, did feloniously, wilfully and of malice aforethought kill and murder Mary Jane Jones. We also find that he was of a perfectly sound state of mind at the time.

Gosododd un o swyddogion y llys y capan du ar ben y barnwr. Mewn llais pwyllog ynganodd hwnnw eiriau'r ddedfryd o farwolaeth ar George Thomas.

George Thomas, you have been found guilty of the awful crime of wilful murder...I can only express the earnest hope that in such time as may elapse while you spend your alloted time on earth, you may seek forgiveness for your sins. I must now pass upon you the sentence of the Court. 'You shall be hanged by the neck until you are dead, and your body shall be buried within the precincts of the prison, and may the Lord have mercy on your soul.'

30

Ni ddangosodd y condemniedig unrhyw emosiwn yn dilyn y ddedfryd arswydus. Er hynny, mynnai rhai o drigolion mwyaf trugarog tref Caerfyrddin geisio arbed ei fywyd. Credai rhai o hyd nad oedd yn llwyr gyfrifol am ei ymosodiad ar Mary Jane oherwydd ei stad feddyliol ar y noson honno. Danfonwyd llythyr at yr Ysgrifennydd Cartref yn gofyn am ddiddymu'r ddedfryd o farwolaeth. Prin oedd y gobaith, serch hynny, gan fod yr amgylchiadau a arweiniodd at ladd Mary Jane Jones yn rhai mor erchyll. Cafwyd yr ateb a ganlyn oddi wrth y Swyddfa Gartref,

Home Office 9th February 1894.
To: Mr James John, Solicitor for the Defence.
Sir,
With reference to the petition and other documents which you have submitted in the case of George Thomas, now under sentence of death in Carmarthen Prison for murder, I am directed by the Secretary of State to inform you, that having given his attentive consideration to all the circumstances of this case, he has thought it unnecessary to order further medical inquiry into the mental condition of the convict. The Secretary of State has carefully weighed all the representations laid before him on behalf of the convict, and I am to express to you his regret that he does not feel justified in advising Her Majesty to interfere with the due course of the law.
I am, Sir,
Your obedient servant,
Godfrey Lushington

Aeth y paratoadau ar gyfer dienyddiad George Thomas yn eu blaen yng ngharchar Caerfyrddin. Pennwyd y trydydd ar ddeg o Chwefror 1894 fel y dyddiad. Daliai George Thomas i fod yn dawel ei feddwl ac yn gwbl ddigyffro o hyd. Yn ôl y Llywodraethwr,

I have never seen one like him before. He sleeps like a top and his appetite has not been affected in the least by the awful doom which awaits him. I cannot make him out at all.

Roedd yn rhaid cael y grocbren yn barod, ac mae'n eironig i John Thomas, tad y cyhuddiedig, fod wrthi ar achlysur blaenorol yn ei thrwsio ac yn gwneud bolltau newydd ar ei chyfer yn y ffwndri lle gweithiai.

BILLINGTON, THE EXECUTIONER.

O *Western Mail* y cyfnod

Gwnaed trefniadau i James Billington, brodor o Bolton, weithredu fel crogwr a chyrhaeddodd hwnnw orsaf Caerfyrddin ar y deuddegfed o Chwefror ar y trên un o'r gloch y prynhawn o Amwythig. Crynhodd torf sylweddol i'w ddisgwyl. Er bod y mwyafrif ohonynt, mae'n sicr, yn frwd dros y gosb eithaf, eto roedd gweld Billington yn y cnawd fel petai'n ormod iddynt. Wrth iddo ddisgyn o'r trên dechreuodd y dorf weiddi a hwtian. Gwatwarwyd ef yn ddidrugaredd a daeth yn amlwg iddo nad oedd fawr o groeso iddo yng Nghaerfyrddin. Wrth ymlwybro drwy'r dorf dywedodd wrthynt, 'You know this thing must be done by somebody!'

Billington a gymerodd le Berry fel Crogwr Swyddogol Prydain Fawr ac Iwerddon, ac roedd y gŵr pum troedfedd a phedair modfedd eisoes wedi dienyddio hanner cant o droseddwyr gan gynnwys menywod. Gwasanaethai fel pregethwr lleyg ar y Sul.

Aethpwyd ag ef ar ei union i'r carchar a safai ar y bryn uwchben afon Tywi nid nepell o'r orsaf. Aeth ati'n syth i sicrhau fod y grocbren yn gweithio'n iawn, oblegid cymerai gryn falchder yn ei orchwyl arswydus. Rhaid oedd ymestyn y rhaff drwy hongian llond sach o dywod o'r un pwysau â George Thomas arni dros nos. Gwelodd Billington fod popeth arall yn gweithio'n iawn a mynegodd ei fodlonrwydd fod y cyfarpar yn barod ar gyfer y bore.

Mewn cell ychydig lathenni o'r grocbren eisteddai George Thomas. Treuliodd ei noson olaf yn canu rhai o ganeuon poblogaidd y dydd megis 'Maggie Murphy's Home' a 'Daisy Bell' ac yn darllen cylchgronau. Ar ôl cysgu'n dda y noson honno, cododd am chwech o'r gloch y bore canlynol. Am hanner awr wedi chwech bwytaodd frecwast da o uwd, ei hoff fwyd. Am saith o'r gloch cyrhaeddodd y caplan i'w baratoi'n ysbrydol, ond gwrthododd y cymun. Drwy'r cyfan parhau mewn hwyliau da a wnaeth George Thomas ac ymddangosai'n gwbl ddifater ynglŷn â'i dynged.

Am ddeng munud i wyth, yn ôl yr arfer, dechreuwyd canu cnul ar gloch y carchar a chyrhaeddodd Billington y gell ac ysgwyd llaw â'r carcharor. Ffurfiwyd yr orymdaith, gyda'r Caplan, Y Parchedig T.R. Walters, yn arwain ac yn darllen y gwasanaeth angladdol. Dilynwyd ef gan un o'r ceidwaid ac yna deuai George Thomas gyda dau geidwad arall, un bob ochr iddo. Y tu ôl iddynt roedd Billington yn ei gapan melfed du, ac yna Lywodraethwr y Carchar, Mr. D. Forbes; Yr Uchel Siryf, David Davies; Yr Ynad Heddwch, W. Gwynne Hughes; Meddyg y Carchar, Dr Williams; a rhai swyddogion eraill.

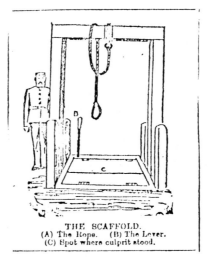

THE SCAFFOLD.
(A) The Rope. (B) The Lever.
(C) Spot where culprit stood.

O *Western Mail* y cyfnod

34

Lleolwyd y grocbren mewn adeilad bychan heb fod ymhell iawn o borth y carchar. Aeth yr orymdaith drist i mewn a chamodd George Thomas yn hyderus ar y llwyfan. Edrychodd i lawr i wneud yn siŵr bod ei draed yn y man iawn. Darllenai'r Caplan o'r Beibl,

Ynghanol bywyd yr ydym mewn angau. Gan bwy y mae i ni geisio ymwared ond gennyt Ti O Arglwydd...

Tynnodd Billington strapen ledr o'i boced a rhwymo coesau'r carcharor, yna o boced ei wasgod tynnodd gwdyn a'i osod dros wyneb George Thomas. Yn gyflym, rhoddodd y rhaff dros ei wddf; rhoddodd arwydd i'r Caplan a thynnodd y bollt i agor y drysau a hyrddio'r carcharor i dragwyddoldeb. Wrth iddo syrthio gweddïodd y Caplan, 'Arglwydd, trugarha wrtho.' Yn ôl un o'r tystion,

Thomas dropped through and in an instant died. He gave no sign of feeling, spoke no word and faced death with the unfathomable calmness he had shown throughout.

Roedd prif borth carchar Caerfyrddin yn wynebu Heol Spilman ac ar fore'r dienyddiad roedd tua chwe chant o bobl wedi ymgasglu yno. Pan glywyd y gloch yn canu aeth pawb yn dawel. Efallai i'r rhai oedd yn agos i'r porth glywed sŵn y drysau trymion yn syrthio. Ychydig wedi wyth o'r gloch gwelsant faner ddu'n cael ei chodi uwchben y carchar. Er nad oedd fawr o gydymdeimlad â George Thomas, aeth ton o emosiwn drwy'r dorf. Sylweddolwyd ei fod wedi talu ei ddyled am y drosedd ffiaidd a gyflawnodd ar y noson arw honno ar y ffordd i Dawelan.

O *Western Mail* y cyfnod

Tua deg o'r gloch gadawodd Mr Billington y carchar am yr orsaf wedi ei wisgo mewn cot fawr ddu. Roedd am ddal y trên am ugain munud wedi deg. Wrth iddo ymadael, gwelodd fod yna dorf enfawr o bobl yn aros amdano unwaith eto. Daeth yn amlwg eu bod yn fwy na pharod i'w weld yn gadael Caerfyrddin. Wrth iddo fynd tua'r stesion, gwaeddwyd ar ei ôl, 'Hangman! Hangman! Hangman!' Ond ni ofidiai Billington ryw lawer, oblegid roedd ei waith ar ben. Ar ei ffordd yn ôl i Bolton cyfaddefodd wrth un o'i gyd-deithwyr,

I tell you I never executed a more complete job in my life! He walked up to the place of execution as firm as a rock—and during the whole time he behaved like a lamb. From the time I entered his cell to the time of the drop only two minutes elapsed!

O leiaf fe gafodd ef ddiwrnod da yng Nghaerfyrddin!

Wrth i Billington gefnu ar dref Caerfyrddin cynhaliwyd cwest yn y carchar i gadarnhau bod y ddedfryd ar George Thomas wedi ei chyflawni yn unol â'r gyfraith. Cyflwynodd Dr E.R. Williams, meddyg y carchar, dystiolaeth o hynny,

I, Edward Richard Williams, hereby certify that I this day examined the body of George Thomas, on whom judgement

of death was this day executed in the said prison, and that on examination I found that the said George Thomas was dead.

13 February 1894

Wedi i'r cwest orffen gosodwyd y gweddillion mewn arch blaen saith troedfedd wrth ddwy. Yn ôl gorchymyn y barnwr fe'i claddwyd o fewn muriau'r carchar heb fawr o seremoni, ac yn ymyl David Rees, y llofrudd o Lanelli, a grogwyd chwe blynedd ynghynt ar y trydydd ar ddeg o Fawrth, 1888. Nid oes garreg i nodi'r fan, ond heddiw mae gardd fechan yng nghysgod y wal lle claddwyd carcharorion.

Bu'r dydd yn un arbennig o drist i John Thomas, tad George. Roedd wedi ceisio troi ei fab o'r llwybr a arweiniodd yn y pen draw i ddistryw ond bu ei ymdrechion yn ofer. Yn y diwedd fe'i llethwyd gan ofid a galar.

Mawr hefyd oedd y tristwch a'r hiraeth am y ferch ifanc, Mary Jane Jones. Ond i'r baledwyr, bu'r digwyddiad erchyll a ddigwyddodd ar y noson arw honno yn destun gwers a rhybudd,

> Bellach, mae y cwbl drosodd,
> Yn ein cof bydd hyn yn byw,
> Ac fe fydd yn rybudd i ni,
> Bydd i gerdded llwybrau Duw.
> Bechgyn ieuanc Gwlad y Bryniau,
> Gwyliwch rhag temtasiwn ffôl,
> Neu daw Satan â'i rith wenau
> I'ch cofleidio yn ei gôl!

38

TRISTWCH YR UNIG FAB

Uwchben Cwm Rhysglog, a chreigiau sgythrog yn gefndir iddo, saif ffermdy anghysbell Blaenrhysglog. Hyd yn oed heddiw, yr unig ffordd ato yw'r dramwyfa arw sy'n arwain drwy'r fforest laith a thywyll. Mae'n fan tawel a heddychlon a'r unig beth sy'n torri ar y tawelwch yw brefiadau'r defaid a swn aflafar ambell awyren ryfel yn ymarfer hedfan yn isel. Ond y mae i'r ffermdy hwn ei hanes, ac ym 1916 bu'n dyst i ddigwyddiadau a ysgydwodd ardaloedd ymhell y tu hwnt i'r gymdogaeth fechan hon.

Ym 1916, perchennog y fferm oedd Thomas Davies, ac roedd ef a'i wraig Jane yn bâr parchus iawn o fewn y cyffiniau. Gweithient yn galed i gael y fferm i lwyddo. Nid tenantiaid mohonynt fel y mwyafrif o'u cymdogion ac, o'r herwydd, teimlent fod eu statws ychydig yn uwch na'r ffermwyr eraill o'u cwmpas.

Ym 1882 ganed iddynt fab, David, a dangosodd dalent yn ifanc iawn mewn amryw feysydd. Yn ei arddegau roedd yn athletwr talentog a chipiai'r gwobrau i gyd yn y mabolgampau lleol. Roedd yn rhedwr chwim ac yn feistr ar farchogaeth ceffyl. Roedd ganddo allu academaidd hefyd, ac enillodd le yng ngholeg Aberystwyth i astudio amaethyddiaeth. Ymunodd â'r Pembrokeshire Yeomanry a threulio cyfnodau yn eu gwersyll yn Ninbych-y-Pysgod yn ymarfer ei ddoniau fel marchog ac yn dysgu 'crefft' y milwr.

Dotiai Jane Davies ar ei mab, ac yn ei ffordd dawelach, ymfalchïai ei gwr Thomas yntau yng nghampau a llwyddiannau David. Ymddangosai, felly, bod ffawd yn gwenu ar

A fyddai meddygaeth fodern wedi gallu rhwystro'r drasiedi a ddaeth i ran mab disglair Blaenrhysglog?

deulu Blaenrhysglog: fferm lwyddiannus a dyfodol sicr yn yr etifedd amryddawn a disglair. Ond roedd cymylau duon ar y gorwel.

Yr arwydd cyntaf fod rhywbeth o'i le oedd gweld David yn cael ei anfon yn ôl o wersyll yr Yeomanry yn ddisymwth. Yn ôl un ffynhonnell, bu David yn ymladd â milwr arall a chafodd ei daflu i chwarel ac anafu ei ben. Beth bynnag a ddigwyddodd, fe welwyd bod cymeriad David wedi newid.

Mae un gŵr lleol, a oedd yn grwt ifanc ar y pryd, yn cofio bod ei ymddygiad yn rhyfedd dros ben ar adegau. Roedd ei ymddangosiad yn anniben, a gwisgai'n od iawn. Gwelwyd ef yn rhedeg dros y bryniau am filltiroedd maith ar ei ben ei hun mewn dillad gwyn. Gadawai ei gartref am gyfnodau a chrwydro o gwmpas y wlad fel trampyn. Cefnodd ar gapel Bethel, Caio, lle bu'n aelod ffyddlon am flynyddoedd, a honnai ei fod yn clywed lleisiau'n ei rybuddio bod gelynion o'i gwmpas ym mhobman. Tyfodd ynddo obsesiynau ynglŷn â'r Rhyfel a dorrodd allan ym 1914, a mynnai o hyd nad oedd ymladd o gwbl yn Ffrainc. Iddo ef, o gwmpas Blaenrhysglog y llechai'r gelyn ac nid yn yr Almaen ac yn ffosydd Ffrainc.

Er nad oedd y Rhyfel Mawr yn realiti i David Davies, dôi'r brwydro yn fwy o realiti bob dydd i deuluoedd eraill y fro. Bu recriwtio brwd yn yr ardal a hudwyd llawer o fechgyn ifainc gan neges wlatgarol Kitchener. Cyn bo hir, dechreuodd y newyddion trist am golli amryw ohonynt gyrraedd yr ardal dawel ddiarffordd hon. Ond er iddo gael ei hyfforddi fel milwr, ni alwyd David Davies i ymuno â'r fyddin a dechreuodd amryw o bobl ofyn cwestiynau a chwilio am resymau.

41

Erbyn 1916 roedd y colledion yn fawr, a dal i waethygu a wnâi cyflwr David Davies hefyd. Gwrthodai weithio ar y fferm ac âi ei ymddygiad tuag at ei rieni a'i gymdogion yn gasach o ddydd i ddydd. Ofnid ef drwy'r gymdogaeth ond gwrthodai ei fam dderbyn bod unrhyw beth yn bod ar ei mab.

Ym mis Gorffennaf, serch hynny, newidiodd sefyllfa'r teulu'n ddybryd. Trawyd Thomas Davies yn wael yn sydyn a bu'n rhaid iddo aros yn ei wely gyda phoenau dychrynllyd yn ei stumog. Ceisiodd ei wraig leddfu'r poenau drwy baratoi moddion o lysiau, ond dal i ddirywio wnaeth ei iechyd. Daeth yn amlwg bod angen doctor arno, ond gwrthodai ei mab wrando ar unrhyw awgrym o'i heiddo bod doctor yn cael ei alw i Flaenrhysglog. Roedd David Davies yn ddrwgdybus iawn o ddoctoriaid a choleddai'r syniad y byddai'r doctor yn siŵr o wenwyno ei dad.

Erbyn yr unfed ar ddeg o Orffennaf roedd Thomas Davies yn gwaethygu ac, o'r diwedd, penderfynodd ei wraig y byddai'n rhaid mofyn doctor ar frys. Cychwynnodd yn fore, heb ddweud dim wrth David, a cherddodd y pum milltir o Flaenrhysglog i Swyddfa'r Post ym Mhumsaint. Yna, anfonodd deligram at y Dr Rowlands yn Llanbed yn gofyn iddo alw yn y fferm ar unwaith. Ceir adroddiad manwl yn y *Carmarthen Journal* o'r hyn a ddigwyddodd wedyn:

On Tuesday, in response to the call, Dr Rowlands of Lampeter proceeded on horseback to Blaenrhysglog to attend to the father in bed. When Dr Rowlands reached the farm he found David Davies, gun on shoulder, walking

Gwadai Dai (John Glyn Owen) bod rhyfel yn Ffrainc. Iddo ef, yn ardal Blaenrhysglog y ceid y gelynion.

back and fore in the farmyard as if on sentry duty. When the doctor approached, Davies challenged him in military style and requested him to stand back. The doctor, suspecting no harm, treated the matter as a joke and informed Davies that he had come to see his father. 'If you don't go back I'll shoot you,' said Davies, and acting on his word put the gun to his shoulder, took aim and pulled the trigger, but the gun did not go off. The doctor, now realizing the danger, fled the place.

Brawychwyd Dr Rowlands yn fawr gan y digwyddiad ac

aeth yn syth at yr heddlu lleol ac anfonodd hefyd adroddiad i'r Board of Guardians yn Llandeilo. Hwy oedd yn gyfrifol am gymryd y camau priodol pan fyddai rhywun yn dioddef o salwch meddwl. Petai'r camau hyn wedi eu cymryd yn syth, ni fyddai'r drasiedi a ddigwyddodd yn ystod y dyddiau nesaf wedi digwydd o gwbl. Ond nid felly y bu. Daliai Jane Davies i ddisgwyl wrth erchwyn gwely ei gŵr heb wybod am yr helynt rhwng ei mab a Dr Rowlands.

Gwaethygu a wnaeth cyflwr Thomas Davies, ac erbyn dydd Sadwrn y pymthegfed o Orffennaf roedd ei wraig yn dechrau digalonni ac yn methu deall pam na fu ymateb i'w galwad am y doctor. Erbyn hyn roedd Thomas Davies yn anymwybodol, neu o leiaf, dyna a gredai Jane Davies. Aeth drachefn i anfon teligram arall, ond y tro hwn anfonodd deligram at y Dr Glyn Jones o Lansawel.

Un o'r rhai sy'n cofio am ymweliad Dr Jones â Blaenrhysglog yw Mr Zacci Williams sy'n byw yn awr yn Llanymddyfri. Yn *Y Lloffwr*, Rhif 83, adroddodd ei atgofion am y dydd tyngedfennol hwnnw:

Ifanc iawn oeddwn...ond mae gennyf gof i weld y Doctor yn pasio Tyllwyd lle yr oeddem fel teulu yn byw yr adeg honno. Roedd ein tŷ o fewn lled cae i Blaenrhysglog ac fe glywais fy Nhad a Mam yn dweud yr hanes droeon. Yr oedd Thomas Davies Blaenrhysglog yn wael, er nad oedd y cymdogion yn gwybod rhyw lawer am hynny...Ar ddydd Sadwrn... daeth Dr Jones o Lansawel i ymweld â Thomas Davies ac fe gafodd ef ei fygwth...

Mae gennym hefyd y datganiad a wnaed gan David Davies ei hunan ynglŷn â'r digwyddiad:

I saw the doctor coming towards the house. I went to meet him. I told him to go back as my father was better. The doctor replied, 'There is some mistake. I have been urgently sent for.' I told him to go back as there were plenty of ragabonds like him coming about the country poisoning persons—but the doctor came forward...I raised the gun and fired...'

Roedd Jane Davies yn yr ystafell wely pan glywodd ergyd gwn. Rhuthrodd i lawr i'r clos a gweld ei mab a'r doctor yn ymrafael. Yn ôl y *Carmarthen Journal* eto,

Jane Davies saw the doctor and her son struggling with a gun. She caught hold of her son and asked him, 'What are you doing, boy?' The doctor was holding the barrel end of the gun. She tried to get her son away. The two men kept struggling and the gun went off... the doctor fell to the ground.'

Rhedodd Jane Davies nerth ei thraed i Dyllwyd, y ffermdy agosaf, i gael cymorth. Wrthi'n cneifio roedd teulu Tyllwyd ar y pryd ac y mae un o'r teulu'n ei chofio'n dod i'r clos â'i ffedog wen ag olion gwaed yn amlwg arni. Erfyniodd arnynt i ddychwelyd gyda hi i Flaenrhysglog. Aeth Thomas Williams, Tyllwyd, a'i chwaer-yng-nghyfraith, Margaret Richards, yn ôl gyda hi. Roedd yr olygfa a'u hwynebai yn un erchyll ac roedd yn amlwg bod yr ymosodiad ar y Dr Jones wedi bod yn un cïaidd dros ben. Yn ôl yr adroddiad meddygol,

The deceased had a left black eye and a wound in the stomach and four lacerated wounds over the eyes. The skull was smashed in and portions of it were missing and the brain on the right side was protruding. At the bottom of the stomach was a gaping wound four and a half inches long and four inches wide...'

Roedd corff y Dr Jones wedi'i daflu i'r ydlan. Rhoddodd Margaret Richards liain gwyn dros y corff ac aeth Thomas Williams ar ei union i Bumsaint i mofyn yr heddlu.

Doedd dim sôn am David Davies. Roedd wedi dianc i'r bryniau gan fynd â waled, llyfr nodiadau ac arian y doctor gydag ef. Roedd yn amlwg hefyd ei fod wedi mynd â'r dryll, ac roedd cyllell a gwellau ar goll yn ogystal.

Aeth Margaret Richards gyda Jane Davies i mewn i'r tŷ ond pan aeth i fyny i'r llofft gwelodd fod Thomas Davies wedi marw. Yn wir, roedd yn amlwg ei fod wedi marw ers tro. Dyna'r dystiolaeth a geir gan Mr Zacci Williams, ac fe gadarnheir hynny gan ymchwiliad y patholegydd.

Collasai Jane Davies ei gŵr, a'i mab hefyd i bob pwrpas. Erbyn y nos cyrhaeddodd P.C. Rees y tŷ o Bumsaint ac mewn byr o dro daethai plismyn o bob cwr o'r sir yno.

Aeth y newyddion am lofruddiaeth Dr Jones fel tân drwy'r wlad a dychrynwyd holl drigolion yr ardal dawel a heddychlon gan yr hanes. Gwyddent fod David Davies yn dal yn rhydd a bolltiwyd pob drws a ffenestr.

Ar doriad gwawr, drannoeth y digwyddiad, gwnaed trefniadau i ddod o hyd i'r llofrudd. Trefnwyd pethau gan y Dirprwy Brif Gwnstabl Evans. Anfonwyd dwsinau o blismyn a chŵn i gribino'r bryniau o amgylch er mwyn dal David Davies. Roedd cyffro o'r fath ar fore Sul yn ddieithr i ardal lle'r oedd cadw'r moddion yn bwysig. Ond ymunodd

Ffermwyr lleol ar drywydd eu cymydog.

amryw o'r ffermwyr lleol â'r heddlu er mwyn ceisio dal y llofrudd.

Roedd tasg anodd yn eu hwynebu, oblegid roedd David Davies yn hen gyfarwydd â'r bryniau. Gwyddai'n dda sut i ymguddio rhag ei erlidwyr, a gwyddai am y mannau a allai roi lloches iddo. Heidiodd gohebwyr y papurau newydd i'r fan a chafwyd adroddiadau manwl a lliwgar o'r helfa,

WELSH HUE AND CRY
SUSPECTED MURDERER
STILL AT LARGE
Up to a late hour on Monday Davies...was still at large. A hue and cry after the fugitive was maintained throughout the day...various rumours were current...the most persistent being that he'd been seen on one of the Black Mountains known as Sugar Loaf. However, another theory, also strongly advanced, is that he has taken to lying in the wild bogland around Tregaron. The farm is in Merlin's Cave district, well known to tourists and immortalised in Spenser's *Faery Queene*.

WELSH MAN HUNT
A description of the wanted man has been posted to the various police stations throughout the country, and unless Davies has succeeded in getting far beyond the adjacent Welsh counties, it is felt, if alive, he will find it very difficult to elude capture.

Ond roedd David Davies yn rhy gyfrwys ac er yr holl chwilio, cadwodd ei draed yn rhydd.

Myn traddodiad lleol ei fod, ar y dechrau, yn cuddio nid nepell o Flaenrhysglog a'i fod yn dychwelyd yn llechwraidd gyda'r nos i gael bwyd. Trech oedd cariad ei fam na hyd yn

oed y weithred ysgeler a gyflawnodd ei mab, a'r gred leol yw
y byddai'n estyn lluniaeth iddo drwy'r ffenestr fechan a
welir o hyd yng nghefn y ffermdy. Credir iddi hefyd adael
bwyd iddo mewn bwced odro yn y grug y tu cefn i'r tŷ.
Mae'n debyg nad oedd yr heddlu'n tybio y byddai'r
llofrudd yn ddigon hyf i ddod ar gyfyl ei gartref, ac mai ei
fwriad fyddai dianc cyn belled ag y gallai o'r fan lle
cyflawnodd ei drosedd.

Dal i adrodd yr hanes wnaeth y papurau dyddiol a bu
cyffro mawr pan welwyd David Davies yn ymyl y tŷ.

ON THE TRAIL STARTLING TURN IN MAN HUNT
DAVIES RETURNS AND ESCAPES AGAIN

A startling development in the search for David Davies,
wanted in connection with the death of Dr Glyn Jones,
occurred on Wednesday.

About 6 am. the fugitive arrived at his home Blaenrhys-
glog. Directly the police appeared on the scene, Davies took
to the woods nearby and succeeded again in escaping to the
mountains.

O hyn allan cafwyd cip arno droeon mewn gwahanol
fannau. Daethpwyd o hyd i waled y Doctor a'r dryll toredig
o dan garreg fawr ger Gwalrhedyn. Gwelwyd ef hefyd heb
fod ymhell o hen ffermdy'r Fannog sydd heddiw wedi ei
guddio gan ddyfroedd Llyn Brianne. Aeth dau blismon,
P.C. Thomas o Lanwrda a P.C. Thomas o Rydaman, ar ei
ôl, ond er bod y ddau ar gefn ceffylau, roedd David Davies
yn rhy chwim o lawer iddynt. Llwyddodd i gyrraedd y tir
corslyd a garw sy'n ymestyn i gyfeiriad Rhaeadr, ac nid
oedd modd i'r ceffylau ei ddilyn.

Y Fannog, a ddaeth i'r golwg o fod o dan ddyfroedd Llyn Brianne ym 1984.

Ym Mlaenrhysglog aeth y paratoadau ar gyfer angladd Thomas Davies yn eu blaenau. Casglodd y gymdogaeth o gwmpas Jane Davies druan, a rhoi cymorth parod iddi. Ar ddydd Iau, y pedwerydd ar hugain o Orffennaf, cododd yr angladd o glos Blaenrhysglog a dirwyn ei ffordd i fynwent Bethel, Caio. Dychwelodd Thomas Williams, Tyllwyd, a fu'n cynorthwyo'r heddlu, a rhoddodd ei gambo i gludo arch Thomas Davies. Ni welwyd angladd tebyg erioed, oblegid o gwmpas y gambo cerddai chwech o blismyn cyhyrog rhag ofn i David Davies ymddangos yn angladd ei dad.

Ar yr un diwrnod, gwelwyd golygfa drist arall ym mynwent eglwys Llansawel pan gladdwyd y Dr Glyn Jones. Roedd y doctor yn ŵr uchel iawn ei barch yn yr ardal a theimlwyd ei golli yn enfawr gan bawb. Gorchuddiwyd ei arch â blodau ac fe'i cludwyd i'w fedd gan gynrychiolwyr o Frigâd Ambiwlans Aberaman. Ymhlith y dorf enfawr o alarwyr roedd amryw o aelodau'r teuluoedd bonedd gan gynnwys Sir James Hills Johnes V.C., Dolaucothi, [y cyfeirir ato yn hanes llofruddiaeth Dolaucothi]. Torrwyd Dr Glyn Jones i lawr yn ei anterth, yn ŵr deugain a saith mlwydd oed, a hynny mewn modd cwbl ddireswm. Er cof amdano rhoddwyd plât cymun gan ei weddw i eglwys Llansawel.

Tra oedd y galarwyr yn ymgasglu ym Methel, Caio a Llansawel, llwyddodd y ddau gwnstabl i ddod o hyd i David Davies yn ymyl Tŵr Tregarn heb fod ymhell o Raeadr. Dihangodd David Davies nerth ei sodlau ond ar ôl cwrs faith roedd yn amlwg bod y dyddiau a dreuliodd ar ffo wedi gadael eu hôl arno ac, o'r diwedd, fe'i daliwyd.

DAVIES AT BAY
DRAMATIC END TO LONG CHASE
Another phase in the West Wales drama was reached on Thursday by the arrest of David Davies…He had eluded his pursuers for five days…Brought to book at length near Rhayadr…after a fast run over a distance of thirty five miles the fugitive was eventually overtaken…Later in the evening he was conveyed in a motor car to Llandeilo.

Y diwrnod canlynol gwyswyd David Davies i ymddangos gerbron y llys ar gyhuddiad o lofruddio'r Dr Glyn Jones.

Angladd tad Dai. Yn ôl y sôn roedd hi'n amlwg bod y tad wedi marw beth amser cyn i'r meddyg gael ei alw. Pam y bu cymaint o oedi?

Dyma ddisgrifiad gohebydd y *Western Mail* o'r olygfa a welwyd yn Llandeilo,

There was great excitement at Llandeilo when Davies was brought in by motor car...On stepping out of the car Davies pulled his cap low down on his forehead and tucked up the collar of his coat well over his shoulders. He appeared very haggard and worn and his clothes were very much torn. He seemed very dejected.

In the afternoon Davies was taken to Carmarthen prison leaving Llandeilo by the 2.40 train. A large crowd watched his departure and people gathered at the intervening stations in the hope of catching a glimpse of him. But

Inspector Jones had pulled down the carriage blinds. There was also a large crowd at Carmarthen station, when Davies, handcuffed, was taken to the prison in a closed conveyance.

Ar y cyntaf o Dachwedd 1916 ymddangosodd Davies gerbron Brawdlys Caerfyrddin. Roedd y diddordeb yn yr achos yn fawr a chafwyd adroddiadau manwl a chynhwysfawr yn y wasg,

CAIO TRAGEDY

There was a packed court at the West Wales Assizes at the Shire Hall, Carmarthen on Monday when David Davies was brought before Mr Justice Lush on a charge of wilfully murdering on 15 July Dr David Thomas Glyn Jones, Llansawel. There was a tense silence when the accused was brought up from the cell.

Mr Ivor Brown, K.C. and Mr Lincoln Reed appeared to prosecute for the Crown.

Mr W. Llewelyn Williams, K.C., M.P., and Mr D. Rowland Thomas defended.

When asked to plead, the accused replied, 'I had no thought of injuring the man'. This was accepted as a plea of not guilty.

Mr Ivor Brown asked the Jury to consider the sacredness of life and the protection of men who were going about the country doing their duty and who should be protected from violence.

Mr Llewelyn Williams made a very eloquent and impressive appeal to the Jury stating that David Davies had been of unsound mind when he committed the deed.

After deliberating for about a quarter of an hour the foreman of the Jury stated:
'We find him guilty but insane.'

Justice Lush, addressing the accused said, 'You must be

detained as a criminal lunatic until His Majesty's Pleasure is known.'

Danfonwyd David Davies i Broadmoor a thros y blynyddoedd fe wellodd a rhoddwyd cryn dipyn o ymddiriedaeth ynddo. Ef fu'n bugeilio'r defaid a gedwid yn yr ysbyty. Ysgrifennai'n gyson at ei fam a'i chynghori ynglŷn â'r fferm. Bu Jane Davies farw ym 1923 ac fe'i claddwyd gyda'i gŵr ym mynwent capel Bethel, Caio, ond nid oes yr un garreg i nodi'r fan.

Bu David Davies yn Broadmoor am yn agos i hanner can mlynedd cyn iddo gael ei ryddhau a threulio ei ddyddiau olaf yn ne Cymru.

Wrth i hanes David Davies gael ei ddadlennu, daeth yn amlwg nad oedd yn llwyr gyfrifol am ei weithred. Er hynny, mynnai rhai mai ceisio osgoi gwasanaethu yn y fyddin a wnaeth a'i fod wedi camgymryd y Doctor am un o swyddogion y llywodraeth. Dywedwyd ei fod eisoes wedi bygwth saethu unrhyw un a'i gorfodai i fynd yn ôl i'r fyddin.

Cafwyd awgrym hefyd mai ef oedd yn gwenwyno'i dad a bod arno ofn y byddai'r Doctor yn darganfod hynny. Ond nid oes unrhyw sicrwydd ynglŷn â hyn, a phan ofynnwyd i Jane Davies a oedd ei mab wedi rhoi unrhyw beth o gwbl i'w dad, gwadodd hynny'n bendant.

Y gwirionedd yw bod David Davies druan yn wael a'i fod, yn fwy na thebyg, yn dioddef o *schizophrenia*. Mae digon o le i gredu hyn gan iddo, ar nifer o adegau, ddangos nodweddion digamsyniol y salwch. Mynnai, er enghraifft, ei fod yn clywed lleisiau, ac fe welai elynion ym mhobman

Blaenrhysglog a David (Dai) Davies. O *Western Mail* y cyfnod.

o'i gwmpas.

Bu beirniadu mawr ar y Board of Guardians am iddynt beidio â gweithredu ar unwaith ar gŵyn y Dr Rowlands o Lanbed. Petaent wedi gwneud rhywbeth ynglŷn â hynny byddai bywyd Dr Jones wedi ei arbed. Codwyd y mater yng Nghyngor Sir Caerfyrddin ar yr ail ar hugain o Orffennaf 1916. Cwynodd un aelod, Sir James Hills Johnes, yn ddiflewyn-ar-dafod,

It appears that there has been some inscrutable delay in putting a dangerous man under control...Dr Jones was one of the most respected men in the county and one who we can ill spare. The delay in treating Davies has been unaccountable. Nobody could doubt that the man was mad.

Yet, nothing was done! Had immediate action been taken the life of Dr Glyn Jones could have been saved.

Ond y mae yna un ôl nodiad trist iawn i'r stori. Ym 1973, ac yntau'n naw deg, dychwelodd David Davies un prynhawn Sul i'w hen gynefin i ymweld â bedd ei fam a'i dad ym Methel, Caio. Pan ddangoswyd iddo'r fan dywedodd mewn llais tawel, 'Fan hyn ma' nhw efe...ar ôl yr holl flynyddoedd'.

Pan ofynnwyd iddo a oedd am ymweld â Blaenrhysglog unwaith eto, edrychodd tua'r bryniau ond gwrthod a wnaeth. Aeth i mewn i'r capel ac eisteddodd am dipyn yn hen sedd y teulu ond ar ôl ychydig amser daeth allan a gofyn am gael mynd yn ôl i'r de.

Yn llyfr Capel Bethel, Caio, sy'n cofnodi'r aelodaeth ym 1916, ceir enwau teulu Blaenrhysglog, ond wrth enw David Davies ychwanegwyd y gair, 'Diarddelwyd'.

Davies Thomas | Blaenrhysglog | Bu farw Hyr. 15 //6

Davies Jane | eto |

Davies David | eto | Diarddelwyd d Gor 15 '6

ARSENIG A CHANNWYLL GORFF

Heddiw, enw Dylan Thomas sy'n denu'r ymwelwyr i strydoedd tawel Talacharn. Er i r bardd dreulio cyfnod toreithiog yn y tŷ uwchben aber afon Taf, ac er i'w weddillion gael eu claddu ym mynwent yr eglwys, llwyddodd y dref fach hynod hon i gadw ei hawyrgylch digyffro a hamddenol. Ond nid felly'r oedd hi yng ngwanwyn 1851.

Nos ar ôl nos yn y cyfnod hwnnw llenwid y strydoedd â thorfeydd o bobl yn cario ffaglau ac yn gweiddi a sgrechian yn ddibaid. Roedd yn amlwg bod trigolion y dref yn gynddeiriog. Carient ddelw o fenyw wedi ei wneud o wellt ac wedi ei gwisgo mewn boned a siôl ddu. Hongiai'r ddelw ar grocbren. Bob nos, safai mintai ohonynt yng nghanol y dref lle cynhelid y farchnad, a chynnal ffug brawf lle gofynnid i'r dorf ateb y cwestiwn,

'Euog neu ddieuog?'

'Euog!' fyddai'r ateb byddarol o bob cyfeiriad. Yna, rhoddid y ddelw ar dân a'i llosgi'n ulw.

Wrth i'r dorf wylio'r ddelw'n llosgi'n wenfflam llenwid y nos â rhegfeydd, bygythion a banllefau croch. Dyma sut y disgrifiwyd yr olygfa gan un gohebydd papur newydd a oedd yn dyst i'r seremoni ryfedd hon,

The air was rent with yells and execrations, loud and horrid groans, with discordant shouts and rude music, the character of which beggars all description...The mock execution would continue for one month unless the party whose effigy was being burned would leave the town of Laugharne!

Y tu ôl i lenni tŷ gerllaw gwelid wyneb ofnus yn ymddangos yn awr ac yn y man. Wrth i'r dorf gael cip ar yr wyneb cynyddai ei dicter a cheisiai ambell un ymosod ar y tŷ. Petaent wedi llwyddo i gael mynediad iddo, nid delw'n unig a fyddai wedi ei llosgi ar strydoedd Talacharn ar un o'r nosweithiau hynny.

Safai'r tŷ yn Waterloo Street, y drws nesaf i'r lladd-dy, ac Elizabeth, neu Betsy Gibbs, oedd y fenyw a edrychai mewn cymaint arswyd ar yr olygfa y tu allan.

Flwyddyn cyn hynny, ym 1850, gweithiai Betsy Gibbs fel cogyddes yn ffermdy Brixton nid nepell o'r dref. Perchennog y fferm oedd T.H. Severne, gŵr gweddol gefnog. Meistres y tŷ oedd ei wraig olygus, Mary Anne Severne. Yn ogystal â Betsy, cyflogid dwy forwyn, Rebecca Uphill ac Ann Beynon, a hefyd ddau was, William Connick ac Edward Hitchen a ofalai am y moch.

Hyd nes i Betsy ddechrau ar ei gwaith yn Brixton, roedd bywyd ar y cyfan yn dawel a didramgwydd. Roedd Mr a Mrs Severne yn gyflogwyr teg a chanddynt berthynas hapus â'r rhai a weithiai iddynt. Serch hynny, daeth yn amlwg o'r dechrau fod Betsy'n wahanol iawn i'r lleill. Nid oedd yn barod iawn i gyd-dynnu, a gwell o lawer oedd ganddi ei chwmni ei hunan. Honnai hefyd y meddai ar alluoedd arbennig a'i bod yn medru dod i gysylltiad â'r byd nesaf. Mynnai yn ogystal fod ganddi'r ddawn i ragweld y dyfodol a darogan pwy fyddai'r nesaf i farw yn yr ardal.

Parodd hyn oll dipyn o fraw i'r ddwy forwyn. Roedd

ofergoeliaeth yn gyffredin yn yr ardal wledig, anghysbell hon ganol y ganrif ddiwethaf. Edrychid ar bob math o arwyddion fel rhai oedd yn rhagfynegi angau, a chredai'r werin yn ddidwyll ym modolaeth y gannwyll gorff. Y gred oedd bod gweld golau'n symud yn araf ac yn hofran uwchben rhyw fan arbennig yn y fynwent yn arwydd sicr bod rhywun yn mynd i farw yn y dyfodol agos.

Un bore haerodd Betsy Gibbs ei bod hi wedi gweld cannwyll gorff yn gadael ystafell wely Mrs Severne. Roedd y golau wedi symud ar hyd y caeau tuag at yr eglwys gan aros uwchben rhyw fan arbennig yn y fynwent. Er i'r ddwy forwyn geisio cymryd y cyfan yn ysgafn, roedd yr olwg ryfedd yn llygaid Betsy wrth adrodd y stori yn ddychryn i'r ddwy ohonynt. Honnai Betsy yr un mor daer ei bod wedi clywed a gweld un o gŵn Annwn yn udo, a bod hynny'n brawf pellach bod rhywun yn y tŷ yn sicr o farw. Soniodd Rebecca Uphill ac Ann Beynon am hyn wrth William

Roedd gan Betsy Gibbs (Victoria Plucknett) y gallu i ddychryn Connick (Elfed Lewis) wrth ddarogan marwolaethau.

Connick, ond ceisiodd ef eu hargyhoeddi mai ffolineb oedd y cyfan. Wedi'r cwbl, creadures ryfedd iawn oedd Betsy Gibbs, ac ni ddylai neb ei chymryd hi na'i straeon dwl ormod o ddifrif.

Yn ystod yr wythnosau nesaf digwyddodd rhai pethau yn Brixton a roddodd wedd newydd ar rai o straeon 'dwl' Betsy Gibbs.

Ar fore Sul, yr unfed ar hugain o Orffennaf 1850, roedd Mr Severne, yn ôl ei arfer, yn paratoi i fynychu gwasanaeth boreuol yr eglwys. Penderfynodd ei wraig Anne aros gartref am nad oedd yn teimlo'n rhy hwylus. Nid oedd y salwch yn ymddangos yn ddifrifol iawn, ac er iddi gadw yn ei gwely, anogodd ei gŵr i fynd i'r eglwys hebddi. Tra oedd Mr Severne yn y gwasanaeth gofynnwyd i Betsy baratoi ychydig o gawl i'w meistres a hefyd rywfaint o de camomeil ar gyfer ei stumog.

Wedi iddi brofi peth o'r cawl, dechreuodd Mrs Severne deimlo'n waeth, a methodd â bwyta dim byd arall. Am un o'r gloch dychwelodd Ann Beynon o'r capel ac aeth ar ei hunion i weld sut oedd ei meistres. Gwelodd ar unwaith bod Mrs Severne yn edrych dipyn yn fwy gwelw a'i bod yn dioddef o boenau yn y cylla. Gwelodd y te camomeil a baratowyd gan Betsy ar y bwrdd wrth y gwely, a cheisiodd berswadio'i meistres i yfed peth ohono. Er i Mrs Severne ymdrechu methodd â chadw dim byd yn ei stumog.

Tua hanner awr wedi un cyrhaeddodd Mr Severne yn ôl o'r eglwys ac aeth yn syth i'r ystafell wely at ei wraig. Cafodd gryn sioc wrth weld ei chyflwr a sylweddolodd ei bod wedi dirywio'n arw oddi ar iddo ymadael â'r tŷ. Aeth Rebecca Uphill ati i baratoi cinio i'w meistr a gofynnwyd i Betsy Gibbs aros wrth wely Mrs Severne. Dal i waethygu wnaeth y feistres yn ystod y prynhawn. Cynyddai'r poenau a methodd â bwyta nag yfed dim. Erbyn tua phump o'r gloch y prynhawn roedd ei chyflwr yn peri gofid mawr i bawb, ac yn ôl tystiolaeth Mr Severne yn ddiweddarach,

Her bowels were affected...she complained of great weakness...Her head felt cold and clammy...her hands began to have a dark blue appearance...There was a gradual sinking ...She got rapidly worse...I observed some froth around the mouth.

T.H. Severne (Richard Clay Jones) yn rhoi tystiolaeth. A fu ef yn ddall i deimladau Betsy ac yn araf i weld y cysylltiad?

Penderfynwyd anfon am y meddyg, Dr Hamilton, a galwodd Mr Severne ar y gweision i gyfrwyo ceffyl ar frys. Ond tra'n eistedd wrth erchwyn gwely ei wraig, gwelodd ei bod yn dal i waethygu. Yn ôl ei eiriau ef,

her eyes appeared glassy and her fingers became blue.

Bu'r tensiwn yn ormod iddo ac aeth allan o'r tŷ a neidio ar gefn ei geffyl a charlamu i mofyn y meddyg ei hunan. Ceisiodd Rebecca Uphill ac Ann Beynon gysuro Mrs Severne a'i gwneud mor gyfforddus â phosibl. Wrth i'r munudau dreiglo heibio, deuai'n amlwg fod unrhyw obaith am wellhad i'w meistres yn cyflym ddiflannu.

Dychwelodd Mr Severne gyda Dr Hamilton ymhen ychydig dros hanner awr. Ar y clos yn aros amdano safai William Connick. Gwyddai Mr Severne wrth yr olwg drist ar wyneb ei was mai ofer fu ei siwrnai i mofyn cymorth. 'It's too late,' meddai Connick wrtho'n dawel. Aeth Dr Hamilton lan i'r ystafell wely lle gorweddai corff Mrs Severne. Yn ddiweddarach tystiodd y meddyg,

> She had expired...her chin was tied up with a handkerchief or towel...She was a purple colour about the mouth, eyes and hands.

Casgliad y doctor oedd ei bod wedi marw o achosion naturiol ac o ganlyniad i'r *English Cholera*, er nad yw'r dystysgrif a arwyddwyd ddau ddiwrnod yn ddiweddarach yn nodi hynny.

Bu marwolaeth Mrs Severne yn echrydus o ddisymwth ac yn gwbl ddirybudd. Ond yn y cyfnod hwnnw gallai'r *cholera* daro mewn modd sydyn a chreulon. Roedd miloedd eisoes wedi marw o'r clefyd yng Nghymru ac roedd ei effeithiau diweddar yng Nghaerfyrddin, lle bu cannoedd farw o ganlyniad i'r pla, yn dal yn fyw iawn yn y cof. Felly, nid oedd achos i amau barn Dr Hamilton am yr hyn a achosodd farwolaeth Mrs Severne. Prin y byddai unrhyw un am niweidio person mor garedig a diddrwg â hi, ac nid oedd unrhyw reswm i ddrwgdybio neb. Fe'i claddwyd ym mynwent Talacharn yng ngwydd llu o alarwyr. Trawyd Mr Severne yn galed iawn gan farwolaeth ei wraig a phenderfynodd fynd i ffwrdd o Brixton am ychydig er mwyn ceisio dod dros ei golled.

CERTIFIED COPY of an ENTRY OF DEATH
COPI DILYS O GOFNOD MARWOLAETH

D. Cert.
S.R.

Pursuant to the Births and Deaths Registration Act 1953

HC 007382

No. Rhif	When and where died / Pryd a b'le y bu farw	Name and surname / Enw a chyfenw	Sex Rhyw	Age Oed	Occupation / Gwaith	Cause of death / Achos marwolaeth	Signature, description and residence of informant / Llofnod, disgrifiad a chyfeiriad yr hysbysydd	When registered / Pryd y cofrestrwyd	Signature of registrar / Llofnod y cofrestrydd
	1	2	3	4	5	6	7	8	9
364	Twenty-first July 1850 Brixtone Llanpharne parish	Mary Ann Severne	Fenal	30 yrs	Wife of Herbert Severne Gentleman	Not certified No Medical Attendant	David Maurice present at the Death Post office Saint Clears	Twenty third July 1850	John Thomas Registrar

Registration District / Dosbarth Cofrestra: Carmarthen

1850 DEATH in the Sub-district of / MARWOLAETH yn Is-ddosbarth of Saint Clears in the / yn County of Carmarthen

Dal i alaru am eu meistres wnaeth y morynion a'r gweision hefyd, ond beth oedd agwedd Betsy Gibbs, y gogyddes? Onid oedd hi wedi proffwydo y byddai rhywun yn marw yn y tŷ, a chael ei phrofi'n berffaith gywir? Ai cyd-ddigwyddiad oedd hyn, neu a oedd Betsy mewn gwirionedd yn medru rhagweld y dyfodol?

Wedi marwolaeth Mrs Severne dechreuodd y gogyddes ymddwyn mewn ffordd ryfeddach fyth ar adegau. Dechreuodd yfed yn drwm iawn ac weithiau byddai'n dweud pethau a oedd yn gwbl afreal a disail. Un tro dywedodd wrth y morynion mai hi fyddai meistres nesaf Brixton. Dro arall, mynnodd fod Mrs Severne, tra ar ei gwely angau, wedi erfyn arni i briodi ei gŵr wedi iddi farw. Mynnodd ei bod hyd yn oed wedi cynnig ei ffrog orau iddi i'w gwisgo yn y briodas. Ceisiodd argyhoeddi'r ddwy forwyn bod Mr Severne wedi syrthio mewn cariad â hi a'i fod yn danfon llythyrau caru ati. Aeth ei straeon yn fwy anhygoel o ddydd i ddydd a honnai ei bod hi a'i meistr wedi bod yn cerdded droeon gyda'i gilydd ar hyd y caeau.

Pan ddychwelodd Mr Severne i Brixton a chlywed am gelwyddau Betsy Gibbs, penderfynodd ei diswyddo a'i gorchymyn i adael y fferm ar unwaith. Cyndyn iawn oedd Betsy i adael a gofynnodd am ychydig amser i ddod o hyd i waith arall. Cytunodd ei meistr, ond ar y trydydd o Fedi 1850 roedd hi'n dal yn Brixton.

Daliai i ymffrostio yn ei gallu i ragweld y dyfodol gan broffwydo y byddai rhywun arall yn marw yn y tŷ cyn bo hir.

Roedd yn genfigennus iawn o'r ddwy forwyn ac yn enwedig o Rebecca a fu'n ffefryn gan Mrs Severne. Ond nid oedd llawer o amser i ofidio am fygythion Betsy, oblegid roedd hi'n gyfnod prysur ar y fferm a phawb wrth y cynhaeaf. Paratowyd cig oen a phwdin reis gan Betsy i'r gweision, a phan ddaeth Rebecca ac Ann i'r gegin am ginio hwyr tua dau o'r gloch, cynigiodd Betsy gawl iddynt. Gofynnodd i Rebecca fynd i'r ardd i gasglu ychydig o bersli ac aeth hithau at Connick i mofyn winwns. Galwodd hefyd yn y stordy am ychydig o flawd i dewhau'r cawl. Fe'i cedwid yno mewn cist agored.

Cyn bo hir roedd y cwbl yn barod ac aeth y ddwy forwyn at eu cinio. Wedi'r cwbl, roedd cynaeafu'r llafur yn yr awyr iach yn sicr o fagu archwaeth. Ni chymerodd Betsy ei hun ddim o'r cawl. Yfodd Rebecca lond basn; bwytaodd Ann ryw ychydig. Ymhen byr amser roedd y ddwy ohonynt yn teimlo'n sâl. Roedd Rebecca gryn dipyn yn salach nag Ann, a bu'n rhaid iddi fynd i'r gwely. Fel yn achos Mrs Severne, chwe wythnos cyn hynny, dioddefodd y ddwy boenau difrifol yn eu stumogau.

Fel yr âi'r nos yn ei blaen, gwaethygodd cyflwr Rebecca'n ddybryd. Y prynhawn hwnnw roedd Mr Severne allan yn y caeau'n saethu. Pan ddychwelodd i'r fferm yn hwyrach y prynhawn fe'i dychrynwyd yn fawr gan gyflwr Rebecca. Y tro hwn penderfynodd anfon yn ddioed am Dr Hamilton. Meddai Mr Severne,

When I returned from shooting at half past five, Rebecca was ill in bed and I went upstairs to see her. She complained of cold shivering and sickness. I decided to send William Connick to Laugharne for Dr Hamilton the surgeon who came at once.

Felly, am yr eilwaith mewn chwe wythnos, brysiodd Dr Hamilton i Brixton. Yn ei eiriau ei hun,

I attendend Rebecca Uphill at Brixton Farm at 7.30pm. I found her very poorly. I administered some soothing medicine...She was in a weak state labouring under an inflamation of the stomach...Her pulse was almost imperceptible.

Bu farw Rebecca tua un ar ddeg o'r gloch y noson honno, ond yn ffodus fe lwyddodd Ann Beynon i ddal ei thir a gwella. Unwaith eto penderfynodd Dr Hamilon mai'r *cholera* oedd achos y farwolaeth, er nad yw'r dystysgrif hon, ychwaith, yn cyfeirio at hynny.

Fel yn achos Mrs Severne daeth Dr Hamilton i'r casgliad mai o ddrwg achosion naturiol y bu i Rebecca Uphill farw, ac felly nid oedd angen galw am ymholiad na rhoi gwybod i'r Crwner.

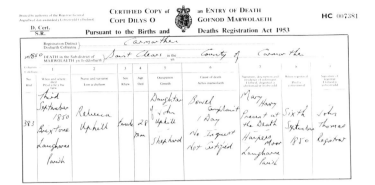

CERTIFIED COPY of an ENTRY OF DEATH
COPI DILYS O GOFNOD MARWOLAETH
Pursuant to the Births and Deaths Registration Act 1953

Ond yn fferm Brixton roedd yna anesmwythyd mawr oblegid bod dwy fenyw ifanc heb unrhyw arwyddion blaenorol o afiechyd wedi marw o dan amgylchiadau tebyg o fewn chwe wythnos i'w gilydd.

Daliodd Betsy i weithio ac ni fu unrhyw newid yn ei hymddygiad rhyfedd. Cofiodd Mr Severne mai hi a baratodd y cawl a'r te camomeil ar gyfer ei wraig ac mai hi hefyd a ddarparodd y cawl ar gyfer Rebecca ac Ann Beynon. Cafwyd rhesymau pellach i'w drwgdybio pan ganfu Edward Hitchen, y gwas a edrychai ar ôl y moch, yr hwch wedi trigo yn y twlc a chwech o foch bach mewn cyflwr truenus wrth ei hymyl. Roedd yn amlwg eu bod wedi eu gwenwyno. Cofiodd Hitchen ei fod wedi rhoi'r cawl a oedd dros ben i'r hwch y diwrnod y bu farw Rebecca.

Cynyddodd anesmwythyd Mr Severne. Cofiodd fod Betsy'n arddel y gallu i ragweld marwolaeth a'i bod wedi bygwth y ddwy forwyn a dweud wrth William Connick y byddai un ohonynt farw.

Clywodd hefyd fod Betsy'n honni iddi weld ysbryd Rebecca'n rhodio o gwmpas y tŷ yn y nos, ac iddi fynnu ei bod wedi gweld arwyddion marwolaeth—ac iddi glywed sŵn y diafol yn ei hystafell wely.

Nid oedd Mr Severne yn ŵr ofergoelus ond poenai yn fawr am y tebygrwydd rhwng salwch ei wraig a thostrwydd Rebecca. Wrth gwrs, ni allai beidio â sylwi bod y ddwy wedi bwyta bwyd a baratowyd gan Betsy, ac yn awr ar ben y cyfan roedd marwolaeth yr hwch wedi ychwanegu at ei ddrwgdybiaeth. Penderfynodd yrru nodyn at George Thomas, Caerfyrddin, y Crwner Sirol,

Dear Sir,
Following the death of my servant Rebecca Uphill...so much mystery and suspicion is attached to the circumstances that I would request you to hold an immediate inquest into the affair.
Yours
T.H.Severne
Brixton Farm

Yn anffodus roedd y Crwner i ffwrdd ar y pryd a methwyd â chynnal cwest cyn i Rebecca gael ei chladdu ar y chweched o Fedi 1850 ym mynwent eglwys Llandawke, er bod ficer Talacharn, y Parchedig G. Harrison, hefyd yn anghysurus ynglŷn â'r digwyddiadau yn Brixton.

Aeth y straeon am Betsy Gibbs ar led drwy'r ardal ac roedd rhai o'r plwyfolion mwyaf ofergoelus yn dechrau credu yn ei galluoedd anghyffredin. Ond aeth Mr Severne yn fwy drwgbybus fyth pan ganfu fod yr arsenig a gedwid ar silff y stordy ar goll. Defnyddid hwn gan William Connick i ddifa llygod ar y fferm. Bu hynny'n ddigon i argyhoeddi'r Crwner bod yna achos i gynnal ymholiad, a bod angen cynnal *post mortem* ar gorff Rebecca Uphill.

Wythnos wedi ei hangladd codwyd corff Rebecca o'i bedd a chynhaliwyd *post mortem* yn festri eglwys Llandawke. Fe'i cynhaliwyd gan Dr John Hughes, y llawfeddyg o Gaerfyrddin, a cheir ganddo ddisgrifiad o'r digwyddiadau,

> I unscrewed the coffin...the body was removed in my presence to the communion table and we commenced examination. I took out the stomach, intestines, liver, heart and kidneys...I placed them in a jar and sealed it and afterwards delivered it to the custody of Sgt Edwards to be sent to Mr Herapath.

Un o arbenigwyr enwocaf ei ddydd ar wenwynau oedd Mr William Herapath o Fryste, ac roedd wedi rhoi tystiolaeth mewn amryw o achosion o wenwyno yng Nghymru.

Ar ôl archwilio gweddillion Rebecca daeth i'r casgliad damniol mai trwy wenwyn y bu hi farw. Cadarnhaodd,

> I have no doubt that the person to whom these viscera belonged died from the effects of arsenic!

Yn naturiol ddigon cododd hyn amheuon ynglŷn â marwolaeth Mrs Anne Severne hefyd, a phenderfynwyd cynnal *post mortem* ar ei chorff hithau. Mawr oedd chwilfrydedd trigolion Talacharn pan aeth y Crwner a'r Rheithgor i fynwent yr eglwys i gynnal yr ymholiad. Dyma sut y disgrifiodd y *Carmarthen Journal* yr olygfa,

Nid oedd gan Mr William Herapath (Anthony Morse) yr arbenigwr, amheuaeth nad arsenig oedd achos y marwolaethau.

A large number of inhabitants accompanied the Coroner and Jury to Laugharne Churchyard for the inquest on the body of Mrs Anne Severne...The excitement and interest was great in the extreme; the whole topic of conversation related to the sudden mysterious death of Mrs Severne...An immense concourse of spectators had assembled in groups near the last resting place of the deceased. The coffin with the body and shroud was placed near the entrance of the church. There lay exposed to the public gaze the remains of the young wife. On the lid being unscrewed...pocket handkerchiefs and snuff boxes were in great requisition...

Daeth Mr Herapath i gasgliad tebyg ynglŷn ag achos marwolaeth Mrs Anne Severne; roedd olion o arsenig yn ei chorff hithau hefyd.

Ni chafodd corff yr hen hwch druan lonydd chwaith. Fe'i codwyd o'r berllan lle'i claddwyd hi, a chadarnhawyd unwaith eto mai'r gwenwyn arsenig a'i lladdodd.

Cynhaliwyd cwest ar frys i wneud ymholiadau pellach i farwolaeth Rebecca Uphill a'i meistres. Galwyd Betsy Gibbs gerbron y Crwner er mwyn iddi gael ei chroesholi. Yn ôl ei ddisgrifiad o'i hymddangosiad gerbron y Crwner, mae'n ymddangos na wnaeth argraff dda iawn ar un gohebydd papur newydd,

Betsy Gibbs the cook entered the inquest room with an air of considerable embarrassment. She was dressed in a black gown, black shawl and black bonnet. She is of middle height and 30 years of age—has dark hair and is marked with the small pox. She has the most repulsive scowling countenance and in her features may be traced all the characteristics of low cunning.

O ganlyniad i'r dystiolaeth am yr arsenig a gollwyd o'r stordy, ac oherwydd mai hi a baratodd y cawl ar gyfer Mrs Severne a Rebecca, teimlwyd bod digon o achos yn ei herbyn i'w anfon i sefyll ei phrawf ar gyhuddiad o lofruddio'r ddwy fenyw. Cludwyd Betsy i garchar Caerfyrddin a chofnodwyd ei derbyniad yno am ddau o'r gloch y bore gan Geidwad y Carchar.

Penderfynwyd ei bod i sefyll ei phrawf ym Mrawdlys y Gwanwyn, yn Neuadd y Dref, Caerfyrddin, ar y deunawfed o Fawrth, 1851. Fel y gellid disgwyl roedd diddordeb mawr iawn yn yr achos a'r dref yn orlawn o drigolion Talacharn a'r ardaloedd cyfagos. Yn oriau mân y bore roedd cannoedd wedi ymgasglu y tu allan i'r carchar er mwyn ceisio cael golwg ar Betsy wrth iddi gael ei thywys oddi yno i'r llys. Er mwyn osgoi'r dorf, ac er mwyn sicrhau diogelwch y carcharor, penderfynodd Ceidwad y Carchar ei harwain

Adroddiad Ceidwad y carchar.

drwy un o'r drysau cefn ac ar hyd Heol y Bont i'r Llys. Felly, ni chafodd y dorf olwg arni, ac ni fu'n rhaid iddi hithau wynebu eu dicter amlwg tuag ati. Cafwyd cryn drafferth wrth geisio rhoi trefn ar bethau yn y dref oblegid roedd pawb am dyrru i mewn i'r llys. Disgrifiwyd yr anhrefn gan un gohebydd,

The scrambling noise and confusion that ensued outside the Shire Hall beggars all description...The interest which the proceedings excited exceeded anything witnessed at Carmarthen since the trial of David Evans for murdering his sweetheart twenty years ago...The Police and the Javelin Men made every effort to prevent the rush which took place and speedily crammed every available crevice in the court ...At length something like order was restored and the prisoner was placed at the bar to be arraigned. She looked exceedingly well and very fat and was in no way appalled at the awful position in which she was placed. Indeed, she appeared the most unconcerned spectator in the crowded court which was crammed to suffocation.

Wrth i'r Barnwr, Syr Edward Vaughan, gymryd ei le daeth tawelwch llethol dros y llys. Y bargyfreithiwr dros y Goron oedd Mr Grove, a thros yr amddiffyniad Mr L. Fitzwilliams o Gastell Newydd Emlyn. Plediodd y cyhuddiedig yn ddieuog o lofruddio Mrs Anne Severne a Rebecca Uphill.

Prif ddadl yr erlyniad oedd yr anhebygrwydd mai damwain oedd marwolaeth y ddwy fenyw. Roedd y ddwy wedi eu gwenwyno a hynny'n brawf sicr mai o fwriad y'u lladdwyd. Y diffynnydd oedd yr un fu'n gyfrifol am baratoi'r bwyd ar gyfer y ddwy.

Tystiodd Ann Beynon ei bod hi'n bresennol pan baratowyd y cawl a'i bod wedi gweld Betsy Gibbs yn rhoi rhywbeth ynddo tra oedd yn berwi ar y tân. Ar y pryd credai mai blawd a roddwyd yn y cawl.

Rhoddodd Mr Severne dystiolaeth bod arsenig yn cael ei gadw ar y silff uwchben y gist flawd yn y stordy a bod hwnnw wedi diflannu. Er mawr chwilio methwyd â dod o hyd iddo.

Cafwyd tystiolaeth hefyd gan y ddau was ar y fferm. Tystiodd y ddau fod Betsy'n arfer sôn am gannwyll gorff ac am arwyddion eraill o farwolaeth.

Ond efallai mai'r dystiolaeth gryfaf oedd honno a roddwyd gan Mary Jones. Carcharor yng Ngharchar Caerfyrddin oedd hithau ond gweithiai hefyd fel morwyn i Mr Stephens, Ceidwad y Carchar. Ymwelodd yn fynych â Betsy Gibbs yn ei chell a thystiodd ar lw fod y diffynnydd wedi cyffesu wrthi ei bod wedi gwenwyno Mrs Severne a'i bod wedi cymryd yr arsenig o'r stordy.

Wrth i'r erlyniad bwyso ar y dystiolaeth a roddwyd gan Herapath, gan bwysleisio bod y cawl hefyd wedi lladd yr

Archwaeth lai achubodd fywyd Ann Beynon (Nichola Beddoe).

hwch, teimlwyd yn gyffredinol fod yr achos yn erbyn y diffynnydd yn gwbl gadarn.

Pan gododd Mr Lloyd Fitzwilliams i annerch y llys ar ran y diffynnydd, roedd yn ymddangos mai ofer fyddai ei ymdrechion ar ei rhan. Ond cafwyd perfformiad meistrolgar ganddo. Cyfaddefodd fod Betsy Gibbs yn ofergoelus ac yn ymddwyn mewn ffordd ryfedd ar adegau, ond atgoffodd y rheithgor bod y gred mewn ofergoelion o'r fath yn gyffredin iawn mewn ardaloedd gwledig. Pwysleisiodd na ddylai hynny fod yn rheswm digonol dros ei chael yn euog.

Canolbwyntiodd hefyd ar yr arsenig yn y stordy. Gan fod y gwenwyn ar y silff uwchben y blawd, a hwnnw'n cael ei storio mewn cist agored, gofynnodd i'r rheithgor ystyried y posibilrwydd fod peth ohono wedi syrthio i mewn i'r blawd yn ddamweiniol. Pwysleisiodd nad oedd unrhyw un wedi gweld y diffynnydd yn rhoi yr arsenig yn y cawl, ac ni chafwyd unrhyw arwyddion o arsenig arni hi.

Wrth grynhoi'r dadleuon mynnodd y barnwr fod yna ddigon o reswm gan Betsy Gibbs i wenwyno bwyd ei meistres. Wedi'r cwbl, roedd yn ysu am fod yn feistres ar Brixton ac am briodi Mr Severne. Meddai,

You the Jury must weigh the matter well in your minds...Take into consideration the conversations of the 'Death lights' or 'Corpse candles'...Weigh the testimony of Mr Herapath as to the cause of death, of which there can be no doubt...and do not shut from your minds the very important fact that no-one was present when Mrs Severne took food on Sunday morning except Elizabeth Gibbs...and that arsenic must have been administered only a short time before death...Many facts in this case must be regarded

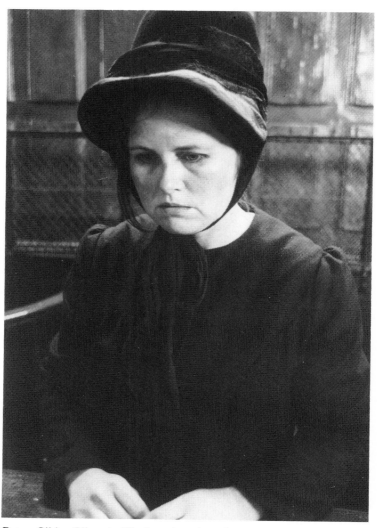

Betsy Gibbs (Victoria Plucknett) ar brawf am y tro cyntaf...

with the greatest suspicion...I will now leave the case to your impartial decision...

Yna, anfonodd y rheithgor o'r llys i ystyried yr achos yn ei herbyn.

Tu fewn y llys roedd y dorf yn anniddig iawn tra'n aros am eu penderfyniad. Prin bod un ohonynt yn amau fod y diffynnydd yn ddieuog; onid oedd yr achos yn ei herbyn yn hollol glir?

Ymhen yr awr dychwelodd y rheithgor i'r llys a lledodd tawelwch llethol dros y dorf wrth iddynt gymryd eu lle. Roedd pawb yn ffyddiog y byddai Betsy Gibbs yn gorfod talu'r pris eithaf am ei throsedd fileinig.

Cododd llefarydd ar ran y rheithgor a chyhoeddi bod Betsy Gibbs yn—ddieuog! Aeth ton o brotest drwy'r llys. Prin y medrai'r plismyn gadw'r dorf rhag rhuthro o'r oriel gyhoeddus a gafael yn y diffynnydd. Yng nghanol yr holl derfysg o'i chwmpas ni ddangosodd Betsy unrhyw emosiwn o gwbl wrth i'r barnwr ei rhyddhau. Yn ôl un tyst,

The prisoner heard the verdict totally impassive; not a muscle on her face moved...

Daliai'r dorf i weiddi am ei gwaed a bu'n rhaid i nifer fawr o blismyn ei hamgylchynu a'i symud o'r llys yn syth. Petai'r dorf wedi gafael ynddi mae'n sicr y byddai wedi cael ei niweidio'n ddifrifol.

Er i'r llys ei chael yn ddieuog, roedd y dorf yng Nghaerfyrddin yn bendant fod yna anghyfiawnder dybryd wedi digwydd y diwrnod hwnnw.

Dengys Cyfrifiad 1851 fod Betsy Gibbs wedi dychwelyd i

Rhai o eiriau'r barnwr oedd, *Many facts in this case must be regarded with the greatest suspicion...* Tybed a gafodd e syndod o glywed barn y Rheithgor?

Dalacharn at ei mam a'i chwaer. Mae'n amlwg eu bod mewn tlodi mawr ac yn byw ar y plwyf.

Yn Nhalacharn ei hun roedd teimladau y rhai a adwaenai Mrs Severne a Rebecca Uphill yn ffyrnig yn erbyn y ddedfryd. Ffurfiwyd pwyllgor er mwyn gorfodi Betsy Gibbs i adael y dref a chynhaliwyd llys arall gan y dorf wrth y farchnad er mwyn ailystyried ei hachos.

18 Waterloo Street	Elizabeth Gibbs	Daughter			30	Servant	Laugharne
"	Sarah Gibbs	Mother	poor		75	On Parish Relief	Watroo
"	Mary Ann Gibbs	Daughter			39	Servant	Island of Jersey
Next door to daughterhouse							

Cyfrifiad 1851.

Ac yn y ffug achos hwn profwyd Betsy Gibbs gan drigolion Talacharn yn euog, a'i dedfrydu i farwolaeth. Codwyd crocbren a chrogi delw ohoni arno, ac yna ei llosgi fel gwrach. Nos ar ôl nos gorymdeithiodd y dorf y tu allan i'w thŷ gan gyflawni'r weithred arswydus hon.

Os oedd agwedd Betsy Gibbs yn ymddangos yn gwbl ddihid a chaled yn ystod ei phrawf, roedd ymddygiad trigolion Talacharn wrth iddynt losgi delw ohoni yn ormod hyd yn oed iddi hi. Yn ôl y cofnod canlynol yn y wasg, mae'n amlwg i'r teulu'n gyfan gwbl ddioddef,

Both Elisabeth Gibbs and her relations were forbidden to go near the dwelling of any of the residents, and whenever Betsy Gibbs has been observed to go near a well for water, the inhabitants avoid the place for fear the spring should be poisoned...To get rid of her hated presence the shopkeepers resolved to starve her out by refusing provisions on any terms...She has been sent to Coventry by the whole place, high and low, rich and poor...and gained an unenviable notoriety following her fortunate acquittal.

Methodd â goddef y driniaeth hon yn hir iawn a chafodd ei gorfodi i adael y dref. Wrth iddi geisio ffoi fe'i herlidiwyd gan y dorf. Yn ôl un adroddiad yn y wasg daliodd gerbyd o'r dref.

Betsy Gibbs boarded a Probett Omnibus bound for Swansea...and the crowd immediately surrounded it and followed it hooting and yelling. She was obliged to get off it for her own safety and began walking alone on the road from Carmarthen to Swansea.

Dyna'r olwg olaf a geir ar Betsy Gibbs. Mae'n bosib iddi dreulio gweddill ei hoes yn Abertawe. Er iddi gael ei rhyddhau gan y llys fe'i cafwyd yn euog gan y dorf. Roedd pawb yn Nhalacharn yn gwbl sicr mai hi a laddodd ei meistres a Rebecca Uphill.

Wrth gofio am yr hyn a ddigwyddodd ar fferm Brixton ac wrth ddarllen y dystiolaeth yn y llys, byddai'n hawdd dod i'r un casgliad. Ond mae'r gyfraith yn mynnu prawf sydd dipyn yn fwy pendant na theimladau greddfol torf a'r awydd am ddial.

Llwyddodd Mr Lloyd Fitzwilliams i blannu digon o amheuon ym meddyliau aelodau'r rheithgor. Pwysleisiodd fod yr arsenig yn cael ei gadw ar silff uwchben y blawd a bod posibilrwydd fod peth ohono wedi syrthio'n ddamweiniol i mewn i'r gist agored. O'r herwydd, methodd y rheithgor benderfynu y tu hwnt i unrhyw amheuaeth rhesymol fod Betsy yn euog.

Arbedwyd hi rhag y crocbren ond ni allodd ddianc rhag digofaint y bobl. Os oedd hi'n ddieuog, cafodd gam dybryd; ond, ar y llaw arall, os oedd hi'n llofrudd cïaidd a diedifar, bu Betsy Gibbs yn hynod o ffodus.

PECHOD MARY PROUT

Ni ellir gosod achos Mary Prout yn yr un categori â rhai o'r llofruddiaethau eraill a geir yn y gyfrol hon. Nid trachwant, cenfigen na dialedd fu'n gyfrifol am ei throsedd hi, ond yn hytrach anobaith a ddeilliodd o ragfarn a chreulondeb ei hoes.

Roedd ei phechod yn un cyffredin, sef rhoi genedigaeth i blentyn a hithau'n ddibriod. Yn achos llawer o ferched, arweiniodd hynny at fywyd o anhapusrwydd a chywilydd. Diarddelwyd amryw gan gapel, gan deulu a chan ffrindiau. Talodd Mary Prout bris dipyn yn uwch.

Am naw o'r gloch ar ddydd Mercher, y trydydd ar ddeg o Orffennaf 1864, safai Mary gerbron y llys yn Hwlffordd. O'i hamgylch roedd holl rwysg y gyfraith yn barod i'w barnu. Eisteddai'n dawel yn y doc tra darllenid y cyhuddiad yn ei herbyn. Fe'i cyhuddid o ladd ei baban bach. Trosedd a oedd, yn ôl y llysoedd, yn rhy gyffredin o lawer, ac yn un a alwai am gosb lem.

Ganed Mary ym mis Rhagfyr 1842 i Mary a Thomas Prout ym mhentref Amroth ar arfordir Sir Benfro. Glöwr oedd ei thad yn gweithio mewn pwll lleol. Ceir cofnod o'i bedyddio yng nghofrestr Eglwys Sant Elidyr ym mis Ionawr 1843. Roedd ganddi ddwy chwaer hŷn na hi, ac yn ddiweddarach ganed i'w mam ferch fach arall a fedyddiwyd ar y chweched o Fedi 1856. Fe'i henwyd yn Rhoda, ond bu hi farw'n chwech oed.

Erbyn 1863 roedd Mary, yn ôl arfer llawer o ferched ieuainc o'r un stad â hi, yn gwasanaethu mewn tŷ yn

Saundersfoot. Ond, ymhen ychydig, cafwyd ei bod yn disgwyl plentyn a bu'n rhaid iddi ymadael ar fyr rybudd a dychwelyd i'w chartref.

Roedd ei mam wedi marw erbyn hyn a phrin oedd y croeso a gafodd gan ei thad. Yn ôl yr hanes, roedd ef yn perthyn i sect y Primitive Methodists ac yn ŵr o ddaliadau crefyddol cul iawn. Mae'n debyg bod gwasanaethau'n cael eu cynnal yn ei dŷ ac ni allai Mary ddisgwyl fawr o gydymdeimlad oddi wrtho. Roedd ei ferch wedi pechu, ac fe fyddai'n rhaid iddi dalu am y gwarth a ddygodd ar ei theulu.

Gorfodwyd Mary i droi at ei mam-gu am loches ond nid oedd yno groeso parod chwaith. Ond, o leiaf, fe gafodd lety ganddi am beth amser. Er mawr holi, gwrthododd Mary â datgelu enw'r tad. Fel amryw o ferched eraill, bu'n rhaid iddi dderbyn y bai i gyd a goddef y dirmyg a'r gwarth a arllwysid ar ferched yn ei chyflwr. Roedd ei mam-gu, fel ei thad, yn drwm o dan ddylanwad y capel, a bu'n rhaid i Mary druan droi, fel llawer merch arall, at y wyrcws am gymorth ac ymgeledd rai wythnosau cyn genedigaeth ei phlentyn.

Wyrcws Arberth oedd yn gyfrifol am anghenion y tlodion a'r anffodusion ym mhlwyf Amroth. I'r adeilad digroeso hwn, a edrychai'n debycach i garchar nag i sefydliad dyngarol, y bu'n rhaid i Mary droi. Roedd ganddi ddigonedd o drafferthion yn barod, ond roedd gorfod troi at y wyrcws yn sicr o ychwanegu at ei phryder. Arwydd pendant oedd hwn ei bod wedi ei gwrthod gan berthynas a ffrind.

Cymaint oedd yr atgasedd tuag at y sefydliadau hyn fel y rhoddwyd wyrcws Arberth ar dân ym 1839. Ystyriwyd hon yn drosedd ddifrifol dros ben, a chynigiwyd y swm anferth o £300 am wybodaeth a allai arwain at ddal y troseddwyr.

THREE HUNDRED POUNDS REWARD,

WHEREAS the Workhouse of the Narberth Union was maliciously set on fire on the evening of the 16th instant, and whereas the Board of Guardians of the said Union, have resolved to give a reward of *One Hundred Pounds*, and the Directors of the Norwich Fire Office a reward of *Fifty Pounds*, for the discovery of the Offender or Offenders; and whereas the circumstances having been represented to the Lord John Russell, one of her Majesty's Principal Secretaries of State, he has signified that a like reward of *One Hundred and Fifty Pounds* will be given by the Government;—*now, therefore*, be it known, that the above rewards, amounting together to *Three Hundred Pounds,* will be paid to any person who shall give such information and evidence as shall lead to the discovery of the incendiary or incendiaries; and Lord John Russell will advise the grant of her Majesty's gracious pardon to any accomplice (not being the person who actually set fire to the Workhouse) who shall give evidence which shall lead to such conviction as aforesaid.

Mae'n werth nodi hefyd bod Beca wedi ymosod ar wyrcws Caerfyrddin ym 1843.

Yn ystod yr achos yn Hwlffordd, tystiodd Martha Williams, Mêtron y wyrcws, i Mary Prout gael ei derbyn yno ar y deuddegfed o Chwefror 1864. Wrth i'r drws cadarn gau ar ei hôl, collodd Mary bob urddas ac fe fyddai o hyn allan yn llwyr ddibynnol ar drugaredd eraill. Collodd yr hawl i gael ei hystyried yn aelod parchus o gymdeithas. Byddai'n rhaid iddi gydymffurfio â'r bywyd caled a'r drefn haearnaidd a oedd yn rhan anorfod o fywyd trigolion y wyrcws. Gweinyddid y wyrcws gan y Meistr a'r Mêtron a oedd, gan amlaf, yn ŵr a gwraig. Yn Arberth, John a Martha Williams oedd yn gyfrifol am y wyrcws a thelid iddynt gyflog gweddol deilwng o £70 y flwyddyn.

Y Mêtron (Sue Roderick) oedd â gofal am iechyd a moes anffodusion y wyrcws.

Wedi iddi gael ei derbyn a'i chofrestru gan Martha Williams, y Mêtron, cafodd Mary ei golchi a'i ddiheintio; proses a oedd yn sicr o ddiraddio person ac o danseilio ei hyder. Ofnid yn fawr y byddai rhai o'r llu afiechydon a oedd mor gyffredin yn y cyfnod hwn yn cael eu trosglwyddo i drigolion eraill y wyrcws.

Mynnai cymdeithas nad oedd y wyrcws i fod yn lle croesawgar. Teimlad cyffredin yn Oes Fictoria oedd mai diffygion ar ran y tlodion eu hunain oedd yn gyfrifol am eu cyflwr, a bernid mai digonedd o waith caled oedd yr ateb i'w problem. Ni fyddai fawr o gydymdeimlad, felly, â Mary Prout ac ni chafodd hithau ei harbed rhag y gwaith caled a ddisgwylid fel tâl am ei bwyd a'i llety. Roedd yna ddigon o waith glanhau, golchi, gwnïo a dadwneud rhaffau, *picking oakum*, gwaith a frifai'r bysedd yn ofnadwy. Ar ben y cyfan roedd yna ddisgyblaeth lem, a llu o reolau i'w cadw.

Er bod gwg cymdeithas ar bobl y wyrcws roedd yno gefnogaeth a chynhalieth ymysg y trigolion.

WORKHOUSE DISCIPLINE.

Article 1.—Any pauper who shall neglect to observe such of the rules and regulations of the Poor Law Commissioners as are applicable to and binding on him or her ;

Or who shall make any noise when silence is ordered to be kept ;

Or shall use obscene or profane language ;

Or shall by word or deed insult or revile any other person;

Or shall threaten to strike or to assault any person ;

Or shall not duly cleanse his or her person ;

Or shall refuse or neglect to work, after having been required to do so ;

Or shall pretend sickness ;

Or shall enter, or shall attempt to enter, without permission, the ward or yard appropriated to any class of paupers, other than that to which he or she belongs ;

Or shall wilfully disobey any lawful order of any officer of the workhouse ;

shall be deemed *disorderly.*

Art. 2.—Any pauper who shall within seven days repeat any one, or commit more than one, of the offences specified in Article 1 ;

Or who shall, by word or deed, insult or revile the master or matron, or any other officer of the workhouse, or any Guardian of the Union ;

Or shall wilfully disobey any lawful order of the master or matron, after such order shall have been repeated ;

Or shall unlawfully strike or otherwise unlawfully assault any person ;

Or shall wilfully or mischievously damage or soil any property whatsoever belonging to the Guardians of the Union ;

Or shall wilfully waste or spoil any provision, stock, tool or material for work, belonging to the said Guardians ;

Or shall be drunk ;

Or shall commit any act of indecency ;

Or shall wilfully disturb the other inmates during prayers or divine worship ;

shall be deemed *refractory.*

Wedi ei dilladu yng ngwisg blaen y wyrcws, prin y byddai modd i Mary Prout anghofio am ei chyflwr ac am y 'pechod' fu'n gyfrifol am ei chwymp. Ond llwyddodd i wneud un ffrind o leiaf. Roedd Hester Thomas yn fam i dri o blant ac wedi treulio cyfnod maith yn y wyrcws. Bu hi'n gofalu am Mary ac yn garedig wrthi. Pan ddaeth ei hamser, neilltuwyd Mary i'r *lying in room* yn ôl trefn y wyrcws, ac ar y nawfed o Ebrill ganwyd iddi ferch fach. Cofnodwyd yr enedigaeth gan Martha Williams yng nghofrestr y wyrcws. Rhyw dair wythnos yn ddiweddarach bedyddiwyd y plentyn ac fe'i henwyd yn Rhoda ar ôl y chwaer fach a gollodd Mary. Cofrestrwyd genedigaeth Rhoda gan James Davies, Slebech,

I am a registrar of the Slebech district. The Narberth Union is within my district. I attended at the Narberth Union on the 2nd of May. I registered the birth of a child there. The prisoner made a statement to me. She gave me the information I put down here in the Registry. The date for birth she said was the 10th of April 1864. The place of birth was the workhouse, Narberth. The name of child Rhoda. No father. Mary Prout mother. The mark X of Mary Prout as informant. I read this over to her and then she made her mark.

Nid oedd yr awdurdodau'n awyddus i gadw Mary Prout am gyfnod maith yn y wyrcws. Wedi'r cwbl, roedd hi'n ifanc ac roedd hi a'i phlentyn yn dreth ar y wlad. Gorau po gyntaf y gallai'r fam gynnal ei phlentyn ei hunan, yn ôl y Board of Guardians. Felly, ar y trydydd ar ddeg o Fai, cafodd ganiatâd i ymweld â'i mam-gu a'i gorchymyn i ddychwelyd i'r wyrcws ymhen deuddeg awr.

Cerddodd yr wyth milltir o Arberth i Amroth, ond ni chafodd groeso gwresog iawn wedi iddi gyrraedd bwthyn ei mam-gu. Er hynny, cyn iddi adael drachefn am y wyrcws, cafodd Mary gan ei mam-gu ychydig ddillad ar gyfer y babi. Gwnaethai Hester, ei ffrind yn y wyrcws, gapan i'r un fach eisoes, ond yn awr yr oedd ganddi *a little cotton shirt, a cotton handkerchief, a binder, a flannel petticoat and a frock.*

Yn ôl Martha Williams, y Mêtron, bu Mary Prout yn ufudd iawn yn ystod ei chyfnod yn y wyrcws, ond gofidiai am nad oedd ei phlentyn yn ymgryfhau fel y dylai. Tystiodd yn y llys,

She was very civil but very reserved: when I went into the room she would speak if spoken to but not without...She paid every attention she could to the child, but it did not thrive very well. She seemed fond of it. But I did not think that she was distressed at the child not thriving.

Er hynny, penderfynwyd gan y Board of Guardians bod gan Mary Prout gartref gyda'i mam-gu, ac ar yr ugeinfed o Fai, 1864, bu'n rhaid iddi adael y wyrcws a wynebu'r byd mawr y tu allan. Fe'i gollyngwyd o'r sefydliad am hanner awr wedi pump y prynhawn a bu'n rhaid iddi gerdded yr wyth milltir i gartref ei mam-gu yn Amroth a'r baban chwech wythnos oed wedi ei lapio mewn siôl.

Yn ôl y Mêtron,

When she left she took the child with her. The child was not a child that throve very well, but it was healthy.

Ni fedrwn wybod beth yn hollol a lenwai feddyliau Mary

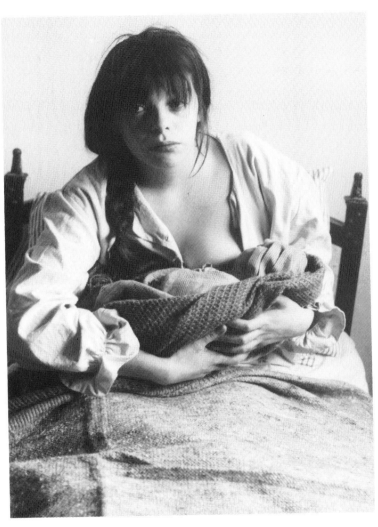

Trallod oesol a diangen oedd trallod Mary Prout (Catrin Lowri).

wrth iddi droedio'r ffordd o Arberth i fwthyn ei mam-gu. Pryder am y dyfodol, mae'n sicr, oherwydd ni wyddai pa groeso oedd yn ei disgwyl. Ond gwyddai y byddai'n rhaid iddi hi a'i phlentyn wynebu rhagfarn a dirmyg yn y blynyddoedd i ddod.

Un o'r rhai olaf i weld y baban yn fyw oedd Hannah Davies, gwraig a drigai yn ymyl Colby Lodge. Tystiodd hi yn y llys,

I know Mary Prout. On Friday 20 May I saw Mary Prout about 12 minutes past 8 o'clock and met her close to my house in the field. She had a child in her arms.

Tystiodd Mary Davies, merch Hannah Davies hefyd,

I knew she was a Prout. I stopped to talk to her. I said she had a pretty little baby and she said, 'It keeps small.' The baby was sucking at the time.

Ymhen rhyw hanner awr wedyn, tua hanner awr wedi wyth y nos, cyrhaeddodd Mary fwthyn ei mam-gu—ond heb Rhoda fach!

Pan ofynnodd ei mam-gu iddi am y baban, atebodd Mary, 'It is dead in the Union (Workhouse).'

Ymateb ei mam-gu oedd, 'Go on your knees, Mary, and give the Lord thanks that the Lord took it.'

Disgrifiodd ei mam-gu sut yr aeth Mary i'r gwely heb swper ac iddi adael yn gynnar drannoeth i ymweld â'i chwaer yn Noc Penfro.

Ond, yn y cyfamser, roedd rhai o'r cymdogion yn amau stori Mary. Wedi'r cwbl, onid oedd rhai ohonynt wedi gweld y babi yn ei breichiau ar y ffordd o Arberth i Amroth?

Ar yr ail ar hugain o Fai chwiliwyd un o'r hen byllau cyfagos ac aeth glöwr o'r enw William Davies, i lawr i un a elwid yn Little Pit. Tystiodd yntau,

I found the body of a child there. It was lying on its side at the bottom of the pit.

Arestiwyd Mary am bedwar o'r gloch yn y bore yng nghartref ei chwaer yn Law Street, Doc Penfro, ar y trydydd ar hugain o Fai. Fe'i cyhuddwyd o lofruddio ei phlentyn, ac fe'i cadwyd yn nalfa Penfro. Dengys y cofnod canlynol ddisgrifiad ohoni pan gafodd ei derbyn i'r carchar ym Mhenfro:

Name of Prisoner.	Height. Feet. In.	DESCRIPTION OF PRISONER. Complexion.	Hair.	Eyes.	Marks.	Country.	Married or Single, and No. of Children.

Cyffesodd Mary ar unwaith a dywedodd wrth yr heddlu,

I threw it into the Little Pit and ran away a short distance—and then I returned and found there was no noise.

Gerbron y llys yn Hwlffordd tystiodd Thomas Newsum, y

meddyg o Saundersfoot, fod penglog y baban wedi ei hollti. Tystiodd hefyd fod Mary Prout yn ei hiawn bwyll pan daflwyd y baban i'r pwll—er ei bod yn ferch o natur ddymunol ac ymddygiad tawel.

Wrth amddiffyn Mary, ceisiodd ei chwnsel godi nifer o amheuon ynglŷn â'r achos. Pwy, er enghraifft, fedrai brofi bod y baban yn fyw pan adawodd yr amddiffynnydd y wyrcws? Wedi'r cwbl, roedd pawb yn gwybod bod Rhoda'n blentyn gwanllyd. Hyd yn oed os oedd Rhoda'n fyw, roedd yn amlwg nad oedd Mary Prout yn ei hiawn bwyll ac nad oedd yn llwyr gyfrifol am ei gweithredoedd.

Ond ni dderbyniodd y rheithgor y dadleuon hyn a chafwyd Mary'n euog o lofruddiaeth. Serch hynny, fe wnaethant argymhelliad cryf y dylid dangos trugaredd tuag ati.

Ar y trydedd ar ddeg o Orffennaf pasiwyd dedfryd o farwolaeth ar Mary Prout gan y barnwr.

> The sentence of the Court is that you, Mary Prout, be taken back to the Prison from whence you came, and thence to a place of execution, and that you be hanged by the neck till you are dead, and that your body be buried within the precincts of the Gaol, and may the Lord God Almighty have mercy on your soul.

Disgrifiodd un gŵr oedd yn bresennol ar y diwrnod hwnnw yr olygfa drist yn y llys,

> I was in the Assize Court when the Judge assumed the black cap and a murmur of horror emanated from most women present. All eyes were turned on the trembling girl in the

dock as the death sentence was pronounced. It was a pitiable sight to see her grasp the dock rail with both hands.

Trosglwyddwyd Mary Prout i garchar Hwlffordd i aros ei thynged, a dyma gopi o'r cofnod:

NAME	Age	TRADE	Date of Warrant	When Received into Custody	Offence as charged in the Comittment	When Tried	Verdict of the Jury	Sentence or Order of Court
Mary Prout	22	Spinster Servant	24th May 1864	25th May 1864	Wilful Murder of Rhoda Prout at the parish church of St Issells	13th July 1864	Guilty of Murder	Death

Yn y cyfamser trefnwyd deiseb gan rai o drigolion Sir Benfro'n ymbil ar ei rhan. Byddai'n rhaid aros i weld a fyddai'r Ysgrifennydd Cartref yn cymryd unrhyw sylw o argymhelliad y rheithgor am drugaredd.

Ar y deunawfed o Orffennaf, 1864, cyhoeddwyd penderfyniad yr Ysgrifennydd Cartref. Cafodd Mary Prout ei harbed rhag y gosb eithaf. Anfonwyd y llythyr canlynol at Uchel Siryf Penfro,

To the High Sheriff of Pembrokeshire from the Secretary of State for the Home Department.
Whitehall 18 July 1864.
I am to signify to you that Queen's Commands that the execution of the sentence of death passed upon Mary Prout, now in the County Gaol, be respited until further signification of her Majesty's pleasure.
I *am*, Sir, Your obedient servant,
G. Grey

Croesawyd y penderfyniad gan lawer ac yn eu plith gan olygydd y *Milford Telegraph* a fynegodd mewn erthygl gref ei atgasedd o'r gosb eithaf a'r arferiad o grogi'n gyhoeddus. Mewn oes a gredai yn effeithiolrwydd y gosb eithaf, roedd geiriau o'r fath yn annodweddiadol ac yn ddewr. Mae'n amlwg hefyd nad oedd y penderfyniad i achub bywyd Mary Prout wedi plesio pawb. Ni chroesawyd hynny gan y garfan barchus o fewn y gymdeithas, ac yn enwedig gan y rhai a fynnai fod eu hegwyddorion crefyddol yn galw am gosb deilwng a fyddai'n gymesur â'r drosedd.

HANGING FOR MURDER

Haverfordwest is happily to be spared the demoralizing exhibition of a public execution—Mary Prout is not to be strangled to make a British holiday...

Thanks to the strong recommendation for mercy, a degraded mob will be deprived of their pastime—of witnessing and revelling in the death struggles of a degraded woman. A letter has been received by the High Sheriff from the Home Office, stating that Her Majesty has been graciously pleased to command the suspension of the sentence until further orders. What will be the future doom of the miserable young woman is not settled—most probably transportation for life—but the extreme penalty of death will not be inflicted and Haverfordwest is to be relieved from the dread and brutalizing spectacle. And yet, to our surprise, we find that there are some persons in Haverfordwest who deplore that Mary Prout is not be to strangled. There are women...who regret that she is not to be hung like a dog, and her dying struggles witnessed by a jeering and remorseless mob.

Moreover, there are Ministers of the Gospel and Professors of Religion, who have refused to sign the Memorial to

Sir George Grey to suspend the death penalty...On the plea that their religion...a religion of love and forgiveness ...demanded the infliction of death upon the murderer...and they challenged that Mary Prout be spared from being strangled.

We rejoice, therefore, not only for the sake of the wretched criminal Mary Prout herself, but especially for the sake of public decency and public morality, that her majesty has been graciously pleased to order that Haverfordwest Gaol shall not be the scene of a brutalizing public execution...Let the wretched mother who murdered her own innocent child, live to repent of her terrible sin; and to seek the forgiveness of that merciful God who will pardon the vilest transgressor that is truly and sincerely repentant.

Y ddedfryd derfynol ar Mary Prout oedd ugain mlynedd o garchar gyda llafur caled. Ni welwyd crogi cyhoeddus ar ôl 1868, ac felly collodd y dorf ei difyrrwch.

Ar ôl treulio deng mlynedd mewn carchar yn Llundain, fe'i rhyddhawyd a dychwelodd i'w chynefin. Llwyddodd i greu bywyd newydd a phriododd â gŵr o Saundersfoot. Tybed ai tad Rhoda ydoedd? Ganed iddi dair o ferched. Bu farw ym 1921 a gwelir ym mynwent Eglwys Sant Elidyr, fedd hardd er cof amdani.

Ond beth a'i gyrrodd ar y diwrnod du hwnnw i daflu Rhoda i'w marwolaeth a hithau wedi dangos pob cariad tuag ati? Ai iselder ysbryd yn dilyn yr enedigaeth a gyflyrodd ei meddwl, neu yr anobaith llwyr wrth wynebu agwedd cymdeithas tuag at ferched ieuainc yn ei chyflwr hi?

Ym 1864 cofnodwyd bod 1,730 o blant o dan flwydd oed wedi eu lladd. Ysywaeth, nid oedd trosedd Mary Prout mor anghyffredin â hynny yn y ganrif ddiwethaf. Hyd yn oed yn yr oes 'oleuedig' hon mae'r pwysau'n dal. Mae'r mamau hynny sy'n cael eu gorfodi i godi plant ar eu pennau eu hunain yn ei chael hi'n anodd o hyd i ddod o hyd i ymgeledd a chartrefi teilwng.

Testun tosturi oedd Mary Prout, ac ni ellir ond diolch ei bod wedi ei harbed ac wedi cael y cyfle i ddod o hyd i hapusrwydd yn y diwedd.

DOLAUCOTHI

Ers canrifoedd bu plasty Dolaucothi yn gartref i deulu bonheddig y Johnes. Safai, nid nepell o bentref Pumsaint yn Sir Gaerfyrddin, mewn llecyn tawel yn agos i lannau afon Cothi. Yma, ganrifoedd ynghynt, clywyd sŵn traed milwyr Rhufeinig yn cerdded i'w cloddfeydd aur ac yn tarfu ar y tawelwch. Erbyn saithdegau'r ganrif ddiwethaf ystyrid y plas bychan, yn ôl un ymwelydd, yn *seat of tranquillity where visitors might find perfect peace.* Ar un diwrnod hyfryd o haf ym 1876 torrwyd ar yr heddwch hwnnw mewn modd erchyll.

Dolaucothi. Chwalwyd yr heddwch.

Ar fore o Awst yn y flwyddyn honno, ar y ffordd sy'n arwain o Bumsaint i Lansawel, clywyd sŵn ceffyl yn carlamu. Roedd yn amlwg fod rhywun ar frys mawr ac ar ryw neges bwysig dros ben. Un o weision Dolaucothi a yrrai ei geffyl mor ddidrugaredd, ac roedd ar ei ffordd i mofyn y doctor o Lansawel at y Barnwr John Johnes, sgweier y plas, a'i ferch Charlotte. Yn llyfrgell Dolaucothi roedd y barnwr wedi ei glwyfo'n ddychrynllyd, ac ar lawr y gegin gorweddai ei ferch yn anymwybodol a'i gwaed yn llifo o anafiadau a achoswyd gan ergyd o wn. Yn ôl un papur newydd, roedd yr hyn a ddigwyddodd y bore hwnnw yn echrydus,

A horror without parallel in Wales...nor was there ever a more general feeling of sorrow and indignation felt by people of all ranks, classes and creeds.

Mewn cyfnod pan oedd llawer o'r mân foneddigion yn cael eu casáu gan y werin bobl, roedd parch mawr yn yr ardal tuag at deulu Dolaucothi. Perchid John Johnes hefyd y tu allan i'w fro fel un a gymerodd wir ddiddordeb yn yr iaith Gymraeg a'i diwylliant. Unig fwriad llawer o dirfeddianwyr oedd gwasgu'r rhenti uchaf allan o'u hystadau, ond ceisodd y gŵr hwn drin ei ddeiliaid mewn ffordd deg ac ystyriol.

Fe'i ganed ym 1800 a'i addysgu yng Ngholeg Brasenose, Rhydychen. Cafodd ei alw i'r Bar ym 1822 ac erbyn 1847 roedd yn Ustus ac yn Gadeirydd Llys Chwarter, Caerfyrddin. Ym 1861 ymddeolodd o'r swydd honno gan dreulio'i amser yn gwella'r stad ac yn croesawu llawer o westeion enwog a phwysig o bob rhan o'r wlad i'w gartref yn Nolaucothi.

Erbyn hyn roedd yn ŵr gweddw a rhannai'r plasty â'i ferched, Elizabeth (neu Betha) a Charlotte. Dychwelodd Charlotte i Ddolaucothi ar ôl marwolaeth ei gŵr, Capten Cookman. Daeth ag un o'i gweision gyda hi, sef Henry Tremble, Gwyddel a aned yn Wexford ym 1840. Ef oedd ffefryn ei gŵr ac yn ystod ei gyfnod yn y plasty, cafodd ei ddyrchafu o fod yn was stabal i fod yn arddwr, yn gipar, ac yna'n fwtler i'r Barnwr Johnes. O fewn cyfundrefn y plas roedd honno'n swydd bwysig, ac yn un ar gyfer person a oedd wedi ennill ymddiriedaeth llwyr ei feistr. Priododd Henry Tremble â Martha, merch i ffermwr lleol, a ganed iddynt chwech o blant. Yn ôl yr hanes, roedd yn dad caredig a gofalus, ond gydag amser dirywio wnaeth y berthynas rhyngddo ef a'i wraig. Ar adegau, roedd y briodas yn un stormus iawn a'r ddau'n cweryla'n gyson.

Am beth amser cadwai Tremble a'i wraig dafarn y Sexton Arms ym mhentref Caio, ond roedd ganddo un uchelgais fwy. Chwenychai Tremble yn fawr iawn denantiaeth y Dolaucothi Arms ym mhentref Pumsaint. Gan fod honno ar y ffordd fawr o Lanymddyfri i Lanbed, gellid disgwyl iddi fod yn dafarn broffidiol dros ben. Perchennog y Dolaucothi Arms oedd y Barnwr Johnes, ac mae'n debyg iddo addo'r denantiaeth i Tremble pan fyddai'n rhydd. Ym 1876 daeth y dafarn yn rhydd, ac roedd Tremble yn edrych ymlaen at wireddu ei uchelgais a symud yno i fyw.

Aethai llawer o flynyddoedd heibio oddi ar yr addewid gwreiddiol, a chawsai'r barnwr resymau ddigon i ailystyried y mater ac i newid ei farn. Dechreuodd amau nad oedd Tremble yn addas i fod yn dafarnwr a thenant oherwydd gallai'r Gwyddel, ar adegau, fod yn swrth ei ymddygiad ac yn ddiserch ei natur. Yn ychwanegol at hynny, roedd ei berthynas â'i wraig yn achosi pryder; ac fel y gwaethygai'r berthynas honno, dechreuodd Martha Tremble yfed yn drwm. Prin, felly, oedd cymwysterau'r ddau i fod yn gyfrifol am y dafarn ac i wneud llwyddiant o'r fenter.

Roedd perthynas pob bwtler â'i feistr yn freintiedig. Ond profodd y ddealltwriaeth rhwng Henry Tremble (John North) a'r Barnwr John Johnes (Conrad Evans) yn ddiffygiol iawn.

Pan glywodd Tremble fod tenantiaeth y Dolaucothi Arms yn dod yn rhydd, aeth yn syth at ei feistr a'i atgoffa am yr addewid a wnaed rai blynyddoedd ynghynt. Ar ôl peth petruster, penderfynodd y barnwr nad oedd Tremble a'i wraig i gael y dafarn, ac fe'i cynigiodd i John Davies a gadwai'r Caio Inn. Siomwyd Tremble yn fawr iawn a theimlai i'r byw fod ei feistr wedi ei fradychu. Ffromodd, a chronnodd o'i fewn deimlad o anghyfiawnder a drodd yn y diwedd yn obsesiwn llwyr. Yn yr wythnosau a ddilynodd, gwaethygodd ei gyflwr a phrin y medrai feddwl am unrhyw beth arall.

Ar y pymthegfed o Awst aeth ati i ysgrifennu llythyr at y Parchedig Charles Chidlow, Ficer Caio. Er bod ei fwriadau ar hyn o bryd yn troi i gyfeiriad cwbl fileinig, roedd ei ofid am ddyfodol ei blant yn amlwg.

August 15, 1876
I, Henry Tremble, Butler at Dolecothy in the County of Carmarthen, do hereby authorise The Rev. Charles Chidlow, Cayo Vicarage, to take up my money that is now in the National Provincial Bank Carmarthen and to pay the said money quarterly at the rate of from £30 to £40 per year to my daughter Elizabeth Susan Tremble for the maintenance of herself and her sisters and brothers...

Sir, I hope you excuse me taking this liberty as I have no friends in this County.

Your obedient servant
Henry Tremble

Mae'n arwyddocaol nad oes yn y llythyr hwn unrhyw gyfeiriad at ei wraig.

Er i Charlotte Johnes erfyn ar ei thad i newid ei farn ynglŷn â throsglwyddo'r dafarn i Tremble, gwrthod yn bendant a wnaeth y barnwr. Yn y cyfamser, dal i waethygu a wnâi ymddygiad Tremble a phrin iawn oedd ei gwrteisi at ei feistr. Er i John Johnes oddef hynny am ychydig amser, daeth yn amlwg iddo y byddai'n rhaid i Tremble adael Dolaucothi. Ond er bod y berthynas rhwng y meistr a'i was yn mynd o ddrwg i waeth, roedd bywyd y plas, ar yr wyneb, beth bynnag, yn mynd yn ei flaen yn hamddenol dawel.

Lady Wilkinson; cafodd wyliau i'w hanghofio!

Aeth Betha Johnes am dro i Lundain i aros gydag Arglwyddes Llanofer. Daeth yr Arglwyddes Wilkinson, ffrind i'r teulu a gwraig Sir Gardiner Wilkinson, yr arbenigwr enwog ar hanes yr Aifft, am dro i fwynhau tawelwch dihafal Dolaucothi. Druan ohoni, cafodd wyliau a fyddai'n aros yn ei chof am weddill ei hoes.

O'r diwedd, galwodd y barnwr ei fwtler i'r llyfrgell a dywedodd wrtho'n blwmp ac yn blaen ei fod yn ei ddiswyddo ymhen yr wythnos.

Yn ystod y dyddiau nesaf, roedd Tremble yn fwy amhleserus nag erioed ond roedd y morynion a'r gweision yn hen gyfarwydd â'i olwg sarrug erbyn hyn. Ni chymerwyd lawer o sylw o'r bygythion a'r rhegfeydd a ddôi'n amlach o'i enau yn awr; roedd y rheini i'w disgwyl ganddo mwyach.

Ar y deunawfed o Awst dywedodd wrth Ann Dixon, y forwyn, na fyddai hi nag ef yn fyw ar ôl y Sadwrn canlynol. Er iddi gael peth dychryn, ni chymerodd ef o ddifrif. Eto, roedd y sefyllfa'n un ddiflas, ond ymhen yr wythnos byddai Tremble wedi ymadael. O leiaf, dyna oedd y gobaith. Ni allai neb ddychmygu y byddai Tremble yn dial mewn ffordd mor ofnadwy.

Cadwai Charlotte Johnes ddyddiadur ac yn ddiweddarach cyfeiriodd at y rhybudd a roddodd Tremble iddynt ar y bore y cychwynnodd ei chwaer am Lundain. Aeth at y ddwy chwaer a dweud wrthynt,

Now yous are both together—I tell yous that as sure as God's in his Heavens yous shall repent the injustice you have done me.

Ond, unwaith eto, ni chymerwyd ef o ddifrif. Fel hyn y cyfeiriodd Charlotte yn ei dyddiadur at y digwyddiad,

We, who had never done him an injury in our lives but had always treated him with the greatest kindness and consideration; and we never until what afterwards occurred thought of these words as a threat, which, of course they were.

Wedi'r cwbl roedd Charlotte yn rhy brysur i gymryd llawer o sylw, roedd rhaid mynd â Lady Wilkinson o gwmpas yr ardal. Rhaid oedd dangos yr ogofâu aur iddi a rhai o'r trysorau a wnaed allan o'r aur hwnnw ar gyfer teulu Dolaucothi. Ymddiddorai'r gwestai'n fawr mewn hynafiaethau ac roedd hi wrth ei bodd.

Ar fore Sadwrn y pedwerydd ar bymtheg o Awst, aeth morynion Dolaucothi at eu gorchwylion fel arfer. Roedd Ann Dixon, Jane Jenkins a Catherine Jones wrthi'n brysur yn glanhau, ac Arthur Sturdy, y garddwr, wrthi'n casglu llysiau ar gyfer y gegin. Yno hefyd, roedd Margaret Davies, y gogyddes, yn rhoi gwin mafon mewn poteli. Yn y stablau roedd y gwas Thomas yn paratoi'r ceffylau a'r cerbyd ar gyfer taith arall gan Miss Charlotte a'i gwestai o gwmpas Dyffryn Cothi.

Cododd John Johnes yn gynnar y bore hwnnw. Er ei fod ar adegau'n fregus ei iechyd, teimlai dipyn yn well yn awr. Tua hanner awr wedi naw aeth i'r llyfrgell i ddarllen *The Times*. Nid oedd Lady Wilkinson wedi codi eto, ond roedd Charlotte wrthi'n cynllunio'r cinio arbennig ar gyfer ei gwestai y noson honno. Aeth i wneud yn siŵr fod popeth yn iawn yn y *Dining Room*. Hwn oedd diwrnod olaf Tremble

yn y plas a chafodd Charlotte ei synnu pan welodd ef yn yr
ystafell honno ac yn ymddwyn mewn ffordd braidd yn
rhyfedd. Yn ei eiriau ei hunan,

> In passing the Dining Room door I saw Henry Tremble the
> Butler standing at the sideboard reaching across as if to
> remove the silver tray (the one presented to Papa on his
> resigning the County Court Judgeship in 1861)...I told him
> to put the plate on the Dining Room table for me to count
> over ...

Ond roedd trosedd dipyn yn fwy difrifol na lladrad ar
feddwl Tremble ar y pryd. Chwilio'r oedd am y *powder
flask* ar gyfer dryll ei feistr. Tystiodd Jane Jankins, un o'r
morynion, yn ddiweddarach,

> Sometime between nine and ten o'clock I took breakfast to
> Judge Johnes at the Library. I saw him in the Library some
> time after.

Gwelodd Sturdy Henry Tremble hefyd,

> I saw Tremble in the pantry on the Saturday morning. I saw
> him take a powder flask in the direction of the Library...He
> then took a gun which he was in the habit of using...He
> went towards the Library.

Ni chafodd Sturdy unrhyw achos i amau Tremble gan ei fod
wedi ei weld yn defnyddio'r gwn o'r blaen. Ond y bore
hwnnw, nid hela cwningod oedd ar feddwl y bwtler. Yna,
am hanner awr wedi deg, clywyd sŵn dwy ergyd yn atseinio
drwy ystafelloedd y plas. Dychrynwyd pawb, oblegid roedd
yn amlwg mai o gyfeiriad y llyfrgell y daethai'r ergydion.

Brysiodd Jane Jenkins yno, a dyma'i disgrifiad o'r hyn a welodd,

After I heard a shot I saw Henry Tremble in the hall shortly after; he was going in the direction of the kitchen from the hall. He had a gun in his hand. I saw my master sitting in the Library. He said, 'I have been shot by Tremble in the stomach.' He said several times 'I am dying'.

Rhuthrodd Lady Wilkinson o'i hystafell ar ôl clywed y ddwy ergyd ac aeth hithau hefyd i'r llyfrgell. Yno'r oedd y barnwr yn dal yn ei gadair—ond roedd yn amlwg i bawb ei fod wedi ei glwyfo'n angheuol. Eto, roedd yn hollol ymwybodol ac yn gwbl dawel. Dywedodd wrthi, *Tremble shot me. Mind he is taken...see to Charlotte.*

Ond roedd ei siars i Lady Wilkinson yn rhy hwyr, oblegid roedd Tremble eisoes ar ei ffordd i'r gegin i chwilio am ferch y barnwr.

Am ryw reswm ni chlywyd yr ergydion o'r llyfrgell yn y gegin, ac felly ni chafodd Charlotte Johnes unrhyw rybudd. Roedd hi'n dal i sgwrsio â'r gogyddes Margaret Davies pan glywodd sŵn traed, ac fel yr adroddodd yn ddiweddarach,

I heard a hurried step which made me turn round facing the door, where I saw Henry Tremble with a large breech loading gun in his hand, take up his stand on the mat at the passage door, opposite the kitchen door...He raised the gun to his shoulder, took deliberate aim, and said 'Take that for your persecution of me' and fired at me. I *saw* the fire come out of the muzzle of the gun. I turned suddenly round and the whole charge entered my back and fleshy part of the leg below the hip; the shots scattering over my back and down

my thigh. I fell on my face towards the scullery door
fortunately escaping the fire of the boiler.

Nid gwn sy'n lladd, ond gwallgofrwydd dynion.

Gwnaeth Margaret Davies ymdrech ddewr i geisio achub
ei meistres. Ceisiodd osod ei hunan rhyngddi a'r gŵr a oedd
yn benderfynol o'i niweidio. Methodd, ac ar ôl yr ergyd a
glwyfodd ei meistres, llewygodd y ddwy ac fe'u cafwyd yn
gorwedd yn eu hyd ar lawr y gegin. Nid oedd Tremble wedi
llwyr orffen eto. Aeth allan o'r tŷ a cherdded tuag at yr

adeilad lle cedwid y cŵn hela. Galwodd hwy allan yn ôl eu henwau a'u saethu'n farw bob yn un. Daliodd i grwydro o gwmpas y gerddi a galwodd ar Sturdy i ymddangos. Bu hwnnw'n ddigon call i ymguddio nes i Tremble ddiflannu. Â'i wn yn ei law aeth Tremble tua Caio. Wedi'r cwbl, roedd trigolion y pentref tawel hwnnw wedi bod yn ddigon amharchus ohono dros y blynyddoedd. Nid oeddent erioed wedi ei dderbyn fel un ohonynt hwy. Yn y gwallgofrwydd a gydiodd ynddo, roedd pawb yn euog o'i fradychu.

Y pennaf o'r bradwyr, serch hynny, oedd John Davies, Caio Arms, a oedd wedi dwyn tenantiaeth y Dolaucothi Arms oddi arno. Gwelodd William Morgan, Albertmount, ef yn nesáu at y pentref ychydig wedi un ar ddeg o'r gloch. Gwaeddodd Tremble arno ei fod am dalu'r ddyled i John Davies. Yn ffodus i hwnnw, nid oedd gartref, ac aeth Tremble yn ei flaen i'w dŷ ei hunan, Myrtle Villa. Tystiodd John Williams, un arall o drigolion Caio, iddo yntau ei weld wrth ddrws y tŷ,

About twelve o'clock on Saturday I saw Tremble standing at his own door at Caio. He had a gun in his hand. When I was about six yards from him he raised his gun and said—'Please stay where you are. I can't allow any man to advance nearer to me...I have shot Mr Johnes like a dog...I have done my duty. I have acted like a son towards the Dolaucothi family...yet they have treated me meanly. They thought they could tread upon my neck because I was an Irishman and have no friends.

Yn fuan wedyn ceisiodd Tremble saethu ei wraig Martha a oedd wedi cyfrannu'n sylweddol at ei drafferthion dros y blynyddoedd. Anelodd ati, ond methodd y gwn danio a rhedodd hi a'r plant allan o'r tŷ. Aeth Tremble i fyny'r grisiau i gael lloches yn un o'r llofftydd. Erbyn hyn, roedd torf wedi dechrau ymgasglu o gwmpas y tŷ a chyrhaeddodd dau blisman, P.C. Philip Morgan a P.C. Daniel Davies. Yr oedd Myrtle Villa yn awr dan warchae.

Tua chanol dydd cyrhaeddodd Dr Evan Jenkins blas Dolaucothi. Yn ôl ei dystiolaeth,

> I saw Mr Johnes sitting in the Library in a chair...I noticed a large lump on the right side of the lower part of the abdomen. On removing the clothes I noticed a large portion of the entrails protruding. It had a gun shot lacerated wound.

Roedd, serch hynny, yn rhy hwyr o lawer, oblegid yr oedd y barnwr eisoes wedi marw. Daliai Charlotte i orwedd ar lawr y gegin ac aeth y meddyg ati hi. Roedd wedi ei chlwyfo'n ddifrifol, ond nid oedd ei bywyd yn awr mewn perygl. Ysgrifennodd hi yn ddiweddarach,

> How long I lay insensible, I know not, but I was lifted up, laid on a mattress and about three o'clock carried upstairs to the Cotton Room where the dreadful wound was poulticed.

Â chalon drom cofnododd hefyd yr hyn a glywodd am funudau olaf ei thad,

> Papa was sensible and very calm—he never uttered a harsh word against his brutal murderer. He did not pass away for about an hour, and he died as he had lived all his life, a Saint, with a blessing on his lips. His last words were 'God bless my children and I know he will bless them.'

Am y gŵr a gyflawnodd y drosedd dywedodd Charlotte,

He gave warning and from that moment must have meditated the hideous crime of murdering in cold blood the best, the most virtuous honourable man that ever lived, and who was old and broken down, weakened by a long and painful illness of two years duration, but 'I will avenge saith the Lord.'

Yn sicr, roedd Tremble erbyn hyn wyneb yn wyneb â chyfiawnder o fath. Cynyddu wnaeth y dorf o gwmpas Myrtle Villa fel âi'r stori ar led. Roedd eu dicter tuag at y Gwyddel yn amlwg; yn enwedig pan ddaeth y newyddion trist o Ddolaucothi. Ceisiodd y ddau blismon resymu ag ef a'i berswadio i ddod allan o'r tŷ'n heddychlon. Wrth iddynt ddynesu at y tŷ, anelodd Tremble wn a phistol allan o'r ffenestr lofft a gweiddi arnynt yn fygythiol,

I do not want to take away innocent lives...I will not disgrace my family by being charged.

Ciliodd y plismyn wrth weld y drylliau. Ymhen ychydig, gwaeddodd Tremble arnynt eto a gofyn am i Bessie, ei hoff ferch, ddod â gwydraid o ddŵr iddo. Caniatawyd hynny gan y plismyn. Ar ôl rhai munudau daeth Bessie allan mewn dagrau a gwelwyd Tremble yn y ffenestr yn sychu ei lygaid yntau. Gwaeddodd unwaith yn rhagor ar y dorf,

If you can do anything for her, God bless you.

Dyma ei eiriau olaf, oblegid clywyd sŵn gwn yn tanio ac yna bu tawelwch llethol. Am beth amser safodd pawb yn fud gan syllu'n syn ar y ffenestr lle gwelwyd wyneb Tremble. O'r diwedd, mentrodd y ddau blismon i mewn i'r tŷ a dyma a welodd P.C. Morgan,

I found Tremble on his back with the gun by his side...I also found a pistol on the table...He died in my presence fifteen minutes later.

Claddwyd corff Tremble ym mynwent Eglwys Caio am hanner awr wedi deg ar nos Lun yr unfed ar hugain o Awst 1876. Dyna'r drefn ar gyfer un a oedd wedi rhoi diwedd ar ei fywyd ei hun. Cariwyd yr arch gan y wardeniaid, a'r unig rai a ddilynodd ei arch oedd ei weddw a'i chwe phlentyn. Bendithiodd y ficer, Mr Chidlow, y weddw a'r plant yn y tŷ ond claddwyd Tremble yn gwbl ddiseremoni.

Y diwrnod canlynol, yn yr Eisteddfod Genedlaethol a gynhaliwyd yn Wrecsam, talwyd teyrngedau cynnes i'r Barnwr Johnes. Cyfeiriodd y Llywydd ato fel 'One of the best sons of Cymru' a gofynnodd i'r dyrfa godi ar eu traed fel arwydd o'u parch tuag ato.

Yn Nolaucothi aed ymlaen â'r trefniadau ar gyfer yr angladd. Ar y pedwerydd ar hugain o Awst tyrrodd galarwyr o bob rhan o Gymru yno i dalu'r deyrnged olaf i'r barnwr. Gan fod cyflwr Charlotte yn dal i beri gofid, ni chaniatawyd i unrhyw gerbyd, ar wahân i'r un a gludai'r arch, fynd at y plasty. Gymaint oedd nifer y rhai a ddaeth i'r angladd nes i'w cerbydau ymestyn ar hyd y tair milltir o Ddolaucothi i Gaio. Daeth gohebwyr o bob rhan o'r wlad a dyma'r adroddiad a gafwyd yn *The Welshman*,

At Caio Church Miss Betha Johnes and Lady Llanover, both attired in deepest mourning stood next to the coffin. They each held a bouquet of white roses and choice ferns. Behind them, also in deep mourning stood the female servants of the household, each carrying a similar bouquet...

Miss Johnes, her face pale and uncovered, told the sad story of mental suffering and anxiety...all hearts were drawn towards her. With her own hand she placed on the coffin the loving words she had wreathed -

Mewn cof annwyl

The funeral service then commenced in Welsh, the Rev. Chidlow and the Rev. Canon Phillips officiating.

Felly, gollyngwyd gweddillion y Barnwr John Johnes i orwedd yn dawel gyda'i hynafiaid ym mynwent Eglwys Caio.

Ond nid dyna dynged Henry Tremble! Eisoes yr oedd llawer o blwyfolion Caio'n teimlo'n anhapus bod corff y llofrudd yn cael gorwedd yn yr un fynwent â chorff y gŵr a lofruddiwyd ganddo. Teimlent fod hynny'n dwyn anfri ar goffadwriaeth y barnwr.

Felly, rhyw ddau fis wedi'r llofruddiaeth, dan gysgod y nos, aeth rhai ohonynt ati'n llechwraidd i godi ei gorff a'i ddwyn yr holl ffordd i blwyf Llandulas, ger Aberhonddu. Yno claddwyd ef ymhlith y tlodion ym mynwent yr eglwys. Ni fedrwyd cadw'r gyfrinach yn hir, a phan sylweddolodd pobl Llandulas pwy oedd yn gorwedd yn eu plith, ni fuont hwythau'n hir cyn ymateb. Codwyd arch Tremble am yr ail dro a'i gario'n ôl i Gaio. Clymwyd gwellt am olwynion y gambo er mwyn lleddfu'r sŵn, ac ym mherfedd y nos gadawyd yr arch ym mynwent Caio a nodyn yn dweud wrth y pentrefwyr am gadw eu llofrudd.

Achosodd y digwyddiadau gryn bryder i Esgob Tyddewi. Mynegodd ei wrthwynebiad llym i'r hyn a oedd yn groes i gyfraith eglwysig,

> The following offences against Ecclesiastical Law have taken place.
> viz -
> 1 The removal of the body from Caio Churchyard without a faculty.
> 2 The interment in Llandulas Churchyard without religious ceremony.
> 3 The removal without authority from Llandulas.
> 4 The re-interment without authority at Caio.
> The unauthorised disturbance of human remains which have once been buried is, in fact, an act of sacrilege.
> I assure you the whole case has occasioned me great pain and anxiety.
> W. Basil
> St David's.

Ailgladdwyd Tremble ym mynwent Caio. Nid oes dim i nodi man ei gladdu, ond yn ôl William Dicks, un a fu'n byw ym Myrtle Villa,

> His body still lies in Caio Churchyard—underneath a coal shed built by the Dolaucothi family for the Church...The family wanted to obliterate all traces of the grave of the murderer.

Mae llawer yn dal i fynnu nad yw'r corff yno o gwbl, a'i fod wedi ei symud unwaith yn rhagor i fan ddirgel.

Fel llawer o lofruddion y mae Tremble yn ennyn peth tosturi. Dialodd ar deulu Dolaucothi am iddo, yn ei farn ef, ddioddef cam. Trodd hynny'n obsesiwn ganddo, ac o'r herwydd, newidiwyd ei bersonoliaeth yn llwyr. Buasai am flynyddoedd yn was ffyddlon ac ymroddgar i'r teulu, ond oherwydd un siom bersonol, cyflawnodd weithred gïaidd.

Cafodd Charlotte Johnes ddihangfa wyrthiol. Bu ei bywyd mewn perygl am beth amser, ond ar ôl pedwar mis o gadw gwely, roedd wedi gwella ddigon i ysgrifennu,

I was in great danger but it pleased God to raise me up again.

Y Dolaucothi Arms, asgwrn y gynnen.

Wedi ymgryfhau, dechreuodd gadw dyddiadur manwl. Dyma rai o linellau cyntaf y dyddiadur hwnnw,

December 29th 1876—I write these lines that those who come after me...may read the true account of the awful tragedy which was enacted here on the nineteenth of August 1876.

Erbyn heddiw nid oes yr un garreg yn sefyll o blasty Dolaucothi i'n hatgoffa am y drasiedi a ddigwyddodd yno ar ddiwrnod teg o haf ym 1876. Fe'i dymchwelwyd ar ddiwedd y pumdegau. Dioddefodd yr un dynged â phlasty enwog yr Hafod a berthynai i aelod arall o hen deulu'r Johnes.

A beth am y Dolaucothi Arms, achos y gynnen? Mae hwnnw'n dal i sefyll ac yn parhau i groesawu teithwyr sychedig. Tybed faint ohonynt sy'n ymwybodol o'r ffrae ynglŷn â'r hen dafarn ac o ganlyniadau erchyll y ffrae honno?

ATODIAD I

Llofruddiaeth Caerfyrddin

Thomas yn cael ei Grogi.

Cymerodd yr olygfa olaf yn y [stori waedlyd uchod le yn Ngharchar Caerfyrddin am wyth o'r gloch boreu dydd Mawrth, Chwefror 13, 1894. Wedi y prawf, ceisiwyd atal y ddedfryd drwy apelio at yr Ysgrifenydd Cartrefol, [ond yn ofer; ac felly cariwyd allan pob parotoad er cyflawniad y gyfraith. Ymddangosodd y carcharor yn hollol ddigyffro, a gwynebodd ei ddiwedd heb yr ymddangosiad lleiaf. Nid oedd neb yn bresenol ar yr achlysur ond y swyddogion.

> Tra y codai haul y boreu,
>   Adar bach a byncient gân,
> Prydferth oedd holl weithiau natur,
>   Pawb yn moli, mawr a mân;
> Ond yn nywyll cell y carchar
>   Mae rhyw ddyn mewn trybliog hun,
> Tra breuddwydion erch ac hagr
>   Rhedant trwy ei feddwl blin.

Dyma'r swyddog yn ei gyffro,
　"Cwyd yn awr, mae'th awr ar ben,
Ti gei gysgu hyd y mynot
　Yn y bedd, dan gwg a sên."
Wedi gwisgo, dyma'r person
　Yn dwyn iddo gair y Nef,
Tra'r carcharor yn ei wrando
　Heb un teimlad ar ei wedd.

Buan aeth mynudau heibio,
　Dyma'r crogwr yn dod mewn,
Tra mae cloch hen eglwys Pedr
　Yn rhoi maes galarus swn.
Llywydd y carchardy hefyd,
　Doctors a siryddion mawr,
Ymgasglasant i gael gweled
　Cledd dialedd'n syrthio i lawr.

Maent yn symud 'nawr i'r grogbren,
　Thomas dan ei rwymau'n dŷn,
Tra'r offeiriad yn dwys adrodd
　Geiriau cysur i'r dyn blin;
Cnul y gloch sy'n llanw ei glustiau,
　Pwy all ddweyd ei deimlad ef,
Pan yn sefyll cyn gwynebu
　Iawn digofaint mawr y Nef?

Dros ei wyneb tynwyd capyn,
　Neidiodd Billington naill law,
Ac yn sydyn hyrddiwyd Thomas
　I grafangau brenin braw;
Bu y cwbl drosodd 'n union,
　Codwyd baner du i lan,
Ac am awr bu'r corff yn hongian
　Tra swyddogion yn gwylio'r fan.

Bellach, mae y cwbl drosodd,
　Yn ein cof bydd hyn yn byw,
Ac fe fydd yn rhybudd i ni
　Byth i gerdded llwybrau Duw.
Bechgyn ieuainc Gwlad y Bryniau,
　Gwyliwch rhag temtasiwn ffol,
Neu daw Satan â'i rith-wenau
　I'ch cofleidio yn ei gôl.

117

ATODIAD II

LLOFRUDDIAETH

Mary Jane

Wedi hir a thawel aros
Daeth y dyddiau llawn i ben;
Adeg prawf a dyna lychiodd
Enw da ein Cymru wen;
Tref Caerfyrddin o dan gwmwl
Am yr erchyll waith a wnawd,
Gan y creulon ddyn a laddodd
Dyner ferch mewn erchyll nawd.

Dydd y prawf o'r diwedd wawriodd
Mawr bu'r cyffro drwy y lle,
Pawb yn brysur yn cyflymu
Tua Neuadd Fawr y Dre;
Wedi aros, dyma'r Barnwr
Yn ei rwysg yn agosáu,
A thrwy'r drysau cil-agored
Mae y dyrfa yn bryshau.

Yn ei le sefai'r adyn
Heb gyfnewid dim o'i wedd,
Ac mae'r Barnwr yn ei wisgoedd
Yno'n eistedd yn ei sedd;
Gwŷr y gyfraith a pholicemen
A gwrandawyr o bob rhyw,
Llanwai'r llys i'r gongl eithaf,
A pherth'nasau dan eu briw.

Codai'r Counsel dros y Goron,
A ddesgrifiai'r anfad waith,
Ac fe alwai am ddialedd -
Nid oedd lle i amheu ffaith;
Galwyd tystion yno i brofi
Symudiadau'r adyn ddyn,
Ac fe gafwyd profion pwysig -
'Rhyn ddywedodd ef ei hun.

Daeth meddygon i roi tystiad
Mai nid gwallgof oedd efe,
Ac fe welwyd mai yn ofer
Oedd i'r Counsel gael fath ble;
Dyma'r Barnwr yn roi araith -
Pawb mor ddistaw ag mae'r bedd -
Nes i'r rheithwyr fyned allan,
'Roll yn sobor iawn eu gwedd.

Wedi hanner awr o aros,
Dyma'r rheithwyr yn dod 'nol
Gan ymddwyn i'r llyw arosol
Tynged Thomas yn eu côl;
'Euog ydyw,' meddai'r *foreman*,
Tra rhed cryniad drwy y lle,
Ni symudodd y carcharor
Pan yn clywed 'i dynged gre'.

'Ewch yn ôl i'ch carchar tywyll,'
Meddai'r Barnwr mewn cap du,
Ac fe'ch crogir nes yn marw,
Ac fe'ch cleddir yn ddigu.
Ar yr amser byr fydd genyt,
Gwedda'n gyson ar dy Dduw,
Efallai rho Efe faddeuant
I chwi tra yr y'ch yn fyw.

119

ATODIAD III

LLOFRUDDIAETH CAERFYRDDIN

Tref Caerfyrddin sydd yn wylo
Am erchyllwaith creulon du,
Wnawd o fewn ei theg ororau
Ar gorff eneth ieuanc gu;
Tra y storm yn chwyrn yn chwythu,
Gwnaeth yr euog ddyn ei waith,
Gwaed diniwed gafodd lifo
Ar hyd wyneb ddaear laith.

Yn y fyddin bu George Thomas
Eto ieuanc iawn mewn oed,
Mary Jane Jones oedd ei ffansi
Gan ddymuno'n briod fod;
Ond i lygaid 'reneth hawddgar,
Atgas oedd y dyn o hyd,
Ac nis gallai droi ei theimlad
Ato ef o bawb trwy'r byd.

Ar nos Sul aeth Jane i'r capel,
Ac aeth gartref yn yr hwyr,
Cyfarfyddodd â George Thomas
Sydd yn awr dan rwymau'n llwyr;
Beth ddigwyddodd yn y duwch?
Pwy â wyr yr helynt fu?
Nwydau gwyllt, a gweiddi ofer
Am drugaredd arni hi.

Ond yn hwyr nos Sul aeth Thomas
At heddgeidwad ar yr heol,
'Myfi a wnaeth lofruddiaeth,' meddai,
'Cymrwch fi yn awr i'r jail,'
Aeth swyddogion ffwrdd ar unwaith
At y man ddywedodd ef;
Yno cawd golygfa erchyll,
Sydd yn haeddu gwg y Nef.

Ar ei chefn 'roedd Jane yn gorwedd,
Ei gwaed yn llifo dros y lle,
'Roedd ei phen bron wedi ei w'anu
Oddi wrth ei chorff—ei weithred e';
Drwy y lloer y lle oedd ddysglaer
Tawelwch gafwyd ar bob llaw,
Tra'r swyddogion yno'n edrych
Mynwes pawb yn llawn o fraw.

Yn y carchar mae'r euog ddyn,
Nes ei gael ei brofi'n driw,
Fe gaiff ateb am ei drosedd
Eto i'r uchelaf Dduw,
Ond perth'nasau y ferch ieuanc
Sydd yn wylo dan eu gwae,
Duw fo'n gysur iddynt hwythau
Trwy yr oesoedd i barhau.

ATODIAD IV

Llungopi o lythyr olaf Henry Tremble.

August 15"

1871

I Henry Tremble Butler in the County of Carmarthen at Dolecothy do hear by authoriss the Rev. Charles Chidlow Cayo picerage To take up my money that is there in the Maternal Prenential Bank Carmarthen and to pay the said money quarterly at the real of from 30 to 40 per year to my Daufter Eligebetta Susan Tremble for the minlanues of her Like

and her Sisters and Brothers
Namely, Susan Louisa Tremble —
Charles Henry Tremble —
Alice Jane Tremble
John Tremble
Frances Sarah Tremble —

I will leave all the money that
I can in a little Box to the Bank
Receipt — also. the key of which I will
inclose to you that you will be
able to judge how long that
Money will last — before you
draw on the Bank.

123

Sir I hope you will excuse me taking this liberty as I have no Friends in this Country or do I know any one that would be likely to take any interest in the Child except you as a Christian Clergyman. hopeing at some future time that you will be found amongst the good Shepards is the earnest wish of your obedient servant.

Henry Tremble

To the Revᵈ Charles Chidlow
Cuyo Vicarage

124

ATODIAD V

Detholiad o ddyddiadur Charlotte o Ddolaucothi.

1876

Dolau Cothy

Friday
Dec.^n
29"

Here there is a long and terrible
interval — On the morning of
the 19th of August last. I went
after breakfast to the Library
to see dear Papa as usual,
talked to him for a few minutes
chiefly about the Aneroid which
he had just bought & the difference
between it & the Barometer
then I went out to the Kitchen
to order dinner — in passing
the Dining room door I saw
Henry Tremble the Butler
standing at the sideboard
reaching across as if to remove
the Silver Tray, (the one presented
to Papa on his resigning the
County Court Judgeship in 1861)
he was to leave his service
on that day by his own desire,

ATODIAD VII

Cyfrifiad trigolion Dolaucothi.

Road, Street, etc. and No. or Name of house	Name and Surname of each person	Relation to head of family	Condition	Age of Males	Age of Females	Rank, Profession or Occupation	Where born
Dolaucothy	John Johnes	Head	Widow	71		Magistrate Recorder of Carmarthen	Carmarthenshire
	Isabella Walker Grubbe	Visitor	Unmarried		58	No Occupation	Middlesex
	Rev. Charles Williams	Visitor	Unmarried	64		Doctor of Divinity Principal of Jesus College, Oxford	Glamorganshire
	Charlotte Anna Maria	Daughter	Widow		46	No Occupation	
	Elizabeth Johnes	Daughter	Unmarried		36	" "	Carmarthenshire
	Mary Davies	Servant	Unmarried		40	Cook	Carmarthenshire
	Catherine Jones	Servant	Unmarried		30	Ladies Maid	Glamorganshire
	Anna Dixon	Servant	Unmarried		22	Ladies Maid	Carmarthenshire
	Mary Davies	Servant	Unmarried		21	Dairymaid	Cardiganshire
	Henry Tremble	Servant	Married	30		Butler	Ireland Co Wexford
	David Davies	Servant	Unmarried	20		Footman	Carmarthenshire
	Jane Jenkins	Servant	Unmarried		38	Housemaid	Cardiganshire
	Thomas Rees	Boarder	Married	54		Plasterer - Master	Pembrokeshire

128